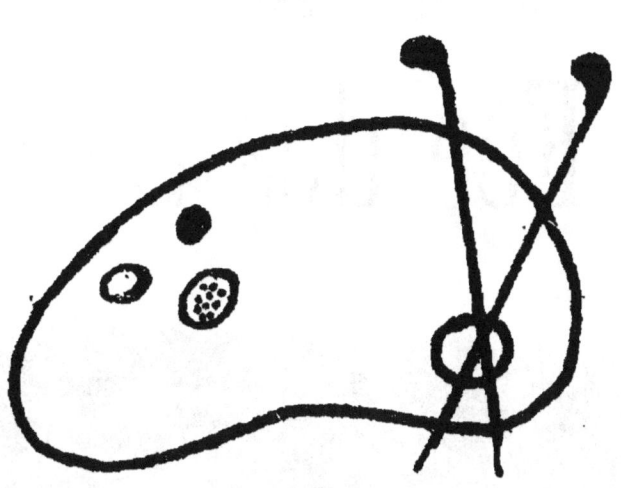

Couvertures supérieure et inférieure
en couleur

XAVIER DE MONTÉPIN

LE TESTAMENT ROUGE

La Fée des Saules

I

PARIS

E. DENTU, ÉDITEUR

LIBRAIRE DE LA SOCIÉTÉ DES GENS DE LETTRES

3, PLACE DE VALOIS — PALAIS-ROYAL

1888

LIBRAIRIE E. DENTU, ÉDITEUR, PALAIS-ROYAL

ROMANS DE XAVIER DE MONTÉPIN

Collection grand in-18 jésus, à 3 francs le volume.

LA SORCIÈRE ROUGE.	3 vol.	LA BALADINE	2 vol.
LE VENTRILOQUE	3 vol.	LES AMOURS D'OLIVIER	2 vol.
LE SECRET DE LA COMTESSE	2 vol.	SON ALTESSE L'AMOUR	6 vol.
LA MAITRESSE DU MARI	1 vol.	LA MAITRESSE MASQUÉE	2 vol.
UNE PASSION	1 vol.	LA FILLE DE MARGUERITE	6 vol.
LE MARI DE MARGUERITE	3 vol.	MADAME DE TRÈVES	2 vol.
LES TRAGÉDIES DE PARIS	4 vol.	LES PANTINS DE MADAME LE DIABLE	2 vol.
LA VICOMTESSE GERMAINE (suite des Tragédies de Paris)	3 vol.	LA MAISON DES MYSTÈRES	2 vol.
LE BIGAME	2 vol.	UN DRAME A LA SALPÊTRIÈRE	2 vol.
LA BATARDE	2 vol.	SIMONE ET MARIE	6 vol.
UNE DÉBUTANTE	1 vol.	LE DERNIER DUC D'HALLALI	4 vol.
DEUX AMIES DE St-DENIS	1 vol.	LE SECRET DU TITAN	2 vol.
SA MAJESTÉ L'ARGENT	5 vol.	LA DEMOISELLE DE COMPAGNIE	4 vol.
LES MARIS DE VALENTINE	2 vol.	LES AMOURS DE PROVINCE	3 vol.
LA VEUVE DU CAISSIER	2 vol.	LA PORTEUSE DE PAIN	6 vol.
LA MARQUISE CASTELLA	2 vol.	LE CRIME D'ASNIÈRES	2 vol.
UNE DAME DE PIQUE	2 vol.	LE ROMAN D'UNE ACTRICE	3 vol.
LE MÉDECIN DES FOLLES	5 vol.	DEUX AMOURS	2 vol.
LE PARC AUX BICHES	2 vol.	P.-L.-M.	6 vol.
LE CHALET DES LILAS	2 vol.	LA VOYANTE	4 vol.
LES FILLES DE BRONZE	5 vol.	LES FILLES DU SALTIMBANQUE	2 vol.
LE FIACRE N° 13	4 vol.	LES DESSOUS DE PARIS	6 vol.
JEAN-JEUDI	2 vol.	LE GROS LOT	3 vol.

Imp. de la Soc. de Typ. - Noizette, 9, r. Campagne-Première, Paris.

LE TESTAMENT ROUGE

LA FÉE DES SAULES

I

LIBRAIRIE E. DENTU, ÉDITEUR

DU MÊME AUTEUR

	fr.		fr.
Les Amours d'Olivier (suite et fin de la *Baladine*), 3ᵉ édit., 2 vol.	6	La Maîtresse masquée, 3ᵉ édit., 2 vol.	6
Les Amours de Province, 2ᵉ édit., 3 vol.	9	La Marquise Castella 3ᵉ éd., 2 vol.	
La Bâtarde, 3ᵉ édit., 2 vol.	6	Le Mari de Marguerite, 14ᵉ édit., 3 vol.	
La Baladine, 3ᵉ édit., 2 vol.	6	Les Maris de Valentine, 8ᵉ édit., 2 vol.	6
Le Bigame, 6 édit. 2 vol.	6	Sa Majesté l'Argent, 6ᵉ édit., 5 vol.	15
La Voyante, 2ᵉ édit., 4 vol.	12	Le Médecin des Folles, 5ᵉ édit., 5 vol.	15
I. — Blanche Vaubaron, 2 vol.		P.-L.-M., 3ᵉ édit., 6 vol.	18
II. — L'Agence Rodille, 2 vol.		I. — La Belle Angèle, 2 vol.	
Le Crime d'Asnières, 4ᵉ édit., 2 vol.	6	II. — Rigolo, 2 vol.	
I. — L'Entremetteuse.		III. — Les Yeux d'Emma-Rose, 2 vol.	
II. — La Rastaquouère.		Les Pantins de Madame le Diable, 4ᵉ édit., 2 vol.	6
Le chalet des Lilas, 3ᵉ édit., 2 vol.	6	Une Passion, 4ᵉ édit., 1 vol.	3
Une Dame de Pique, 3ᵉ édit., 2 vol.	6	Le Parc aux Biches, 3ᵉ édit., 2 vol.	6
Une Débutante, 3 édit., 1 vol.	3	La Porteuse de Pain, 3ᵉ édit., 6 vol.	18
La Demoiselle de Compagnie, 3ᵉ édit., 4 vol.	12	Le Roman d'une Actrice, 3ᵉ édit., 2 vol.	9
Le dernier duc d'Hallali, 3ᵉ édit., 4 vol.	12	I. — Paméla des Variétés.	
Deux Amies de St-Denis, 4ᵉ édit., 1 vol.	3	II. — Madame de Franc-Boisy.	
Deux Amours, 4ᵉ édit., 2 vol.	6	Le Secret de la Comtesse, 5ᵉ édit., 2 vol.	6
I. — Hermine.		I. — Le Capitaine des Hussards.	
II. — Odille.		II. — Armand.	
Un Drame à la Salpêtrière, 2ᵉ édit., 2 vol.	6	Le Secret du Titan, 2ᵉ édit., 2 vol.	6
Le Fiacre n° 13, 6ᵉ édit., 4 vol.	12	Simone et Marie, 3ᵉ édit., 6 vol.	18
La Fille de Marguerite, 3ᵉ édit., 6 vol.	18	Son Altesse l'Amour, 4ᵉ édit., 6 vol.	18
Les Filles de Bronze, 5ᵉ édit., 5 vol.	15	La Sorcière Rouge, 4ᵉ édit. 3 vol.	9
Les Filles du Saltimbanque, 2ᵉ édit., 2 vol.	6	Les Tragédies de Paris, 7ᵉ édit., 4 vol.	12
I. — La Comtesse de Kéroual.		Le Ventriloque, 4ᵉ édit. 3 vol.	9
II. — Berthe et Georgette.		I. — L'assassin de Mariette.	
Jean-Jeudi, 5ᵉ édit., 2 vol.	6	II. — La femme du Prussien.	
Madame de Trèves, 8ᵉ édit., 2 vol.	6	III. — Le Mari et l'Amant.	
La Maison des Mystères, 2ᵉ édit., 2 vol.	6	La Veuve du Caissier, 8ᵉ édit., 2 vol.	6
La Maîtresse du Mari, 5ᵉ édit., 1 vol.	3	La Vicomtesse Germaine, 7ᵉ édit., 3 vol.	9

ÉMILE COLIN. — IMPRIMERIE DE LAGNY.

XAVIER DE MONTÉPIN

LE TESTAMENT ROUGE

LA FÉE DES SAULES

I

PARIS
E. DENTU, ÉDITEUR
LIBRAIRE DE LA SOCIÉTÉ DES GENS DE LETTRES
PALAIS-ROYAL, 15-17-19, GALERIE D'ORLÉANS
ET 3, PLACE VALOIS

1888
(Tous droits de traduction et de reproduction réservés)

LE TESTAMENT ROUGE

LA FÉE DES SAULES [1]

I

— Ponchour mon pon monsir Faufel... c'hai l'honneur te pien fus saluer... — fit, sur le seuil, une voix nasillarde avec un accent allemand des plus prononcés.

— Bonjour, Abraham... — répondit le bouquiniste en faisant entrer le visiteur, — quel motif vous amène ?...

— Mon pon monsir Faufel, che fiens foir si fus afez pesoin de mes bédits serfices...

— Venez par ici, nous allons causer...

Abraham passa dans la bibliothèque.

C'était un homme de quarante-cinq ans à peu

[1] Le premier épisode du TESTAMENT ROUGE était intitulé : PASCAL SAUNIER.

près, très convenablement vêtu et même avec élégance.

Doué d'un embonpoint solide, il offrait un visage arrondi et du plus beau ton de brique.

Ses sourcils remarquablement épais ombrageaient deux yeux gris, mobiles, qui ne regardaient jamais en face son interlocuteur.

Il portait sous son bras gauche une serviette de chagrin noir, digne d'un notaire ou d'un député.

Fauvel, après avoir refermé la porte qui de l'antichambre conduisait à la bibliothèque, reprit sa place derrière son bureau, laissant debout le nouveau venu.

— Pourquoi ne vous ai-je pas vu depuis dix jours, Abraham ? — demanda-t-il.

— Il ne vaut bas m'en fuloir, mon pon monsir Faufel. — Mes touleurs en sont le cause, mes bolissonnes te touleurs... che suis berclus...

— C'est-à-dire que vous avez passé tout votre temps à vous enluminer la figure à force de boire, et comme aujourd'hui il ne vous reste plus un rouge liard, vous vous êtes souvenu de mon adresse...

— Non... non... Ne groyez bas cela, mon pon monsir Faufel... — Aussi frai qu'il y a un tieu, c'hai eu tes touleurs... Che bouvais blus mettre un bied tevant l'audre... — Maintenant, c'est frai gue che suis à sec, mais c'hai bas manché mon archant à poire... C'est les méticaments qui m'ont manché dout...

— Eh bien ! avez-vous quelque chose à me proposer ? — Dépêchez-vous, j'ai peu de temps à moi...

— Fui.. ful... pien sûr, c'hai quelqué chose, mon pon monsir Faufel, mais il vaut brendre le demps de resbirer...

— Asseyez-vous et expliquez-vous... — Est-il question d'une simple broutille ou d'une affaire sérieuse ?

— Dout ce gu'il y a de blus sérieux... un pichou... une merfeille sans bareille gui n'existe gu'à un seul exemblaire...

— Le nom de cette merveille ?

— Guand fus le saurez fus allez pontir de choie... tanser te gondendement.

— Voyons, parlez donc, bavard ! — Qu'est-ce que c'est ?

— C'être in manusgrit...

— Que vous avez ?

— Non, mais gue che gonnais...

— Où ?

— A la Pipliothèque nationale...

— Un manuscrit acquis depuis peu ?

— Fui.

— D'où vient-il ?

— Il flent de Rouen où on l'a agoté ternièrement...

— Un manuscrit de Rouen?... De la collection Lebert, peut-être?

— Fui... fui...

— Et, quèl est ce manuscrit? que contient-il?

— Tes lettres tu gardinal te Lorraine à Gaderine de Méticis, et tes réfélations gurieuses à brobos de la Saint-Pardélemy.

— Ce manuscrit est à Paris? — s'écria Fauvel avec un transport qu'il lui fut impossible de modérer.

— Fui! fui!... — Che tisais pien gue fus pontiriez te choie!

— Mille francs pour toi si tu me l'apportes!

Dans son exaltation, Abraham tutoyait Fauvel.

Celui-ci ne sourcilla pas en entendant l'offre qui venait de lui être faite.

Le bouquiniste étonné le regarda.

— Bas suffisante, la somme, mon pon monsir Faufel... — fit le juif en secouant la tête.

— Il me semble, cependant...

— Il fus semple mal... c'est ine chose gui faut drende mille francs dans les mains t'un amadeur... — répondit Abraham en tournant ses pouces.

— Ah! vous croyez ça.

— Fui, che grois ça.

— Cherchez acheteur à ce prix-là!...

— C'haime mieux le laisser où il est.

— Voyons, je vous donnerai deux mille francs...

— Nix...

— Trois mille...

— Tonnez-en cinq mille, et avant fuit chours che fus l'aborderai...

— Cinq mille !

— C'être bur rien !... Bensez à ce que che risque... Binsé... en brison... et ch'aime bas le brison bur mes touleurs...

— Ce manuscrit est-il passé au catalogue ?

— Fui... — On beut le temanter... — Che l'ai fu hier tans les mains t'un hapitué de la salle te dravail...

— Prenez bien vos précautions car la disparition de ce manuscrit est tout particulièrement dangereuse.

— Che gonnais mon avaire... as bas beur !

— Eh bien, va pour cinq mille francs, et aussitôt en possession du manuscrit, vous me l'apporterez...

— Tutte suite, fui... — Mais ch'aurais pien pesoin t'un bédit à gonde...

— Combien ?

— Drois cents vrancs.

Fauvel remit au juif la somme demandée et lui fit écrire un reçu.

— Brésentement, — fit Abraham en glissant les louis dans sa poche, — il me vaudrait guelgues pulledins bersonnels... — che n'en ai blus.

Le bouquiniste ouvrit un tiroir de son bureau.

Il en tira des feuilles de *bulletins personnels* en blanc, exactement semblables à ceux qui sont distribués par le gardien à l'entrée de la salle de travail de la Bibliothèque.

— Voici... — dit-il en les tendant au juif qui les prit, et sans les plier les glissa entre les papiers contenus dans sa serviette.

Puis il salua respectueusement Fauvel, et se retira tout en se plaignant de ses douleurs.

Très excité par l'espérance de se trouver bientôt en possession d'un manuscrit d'une inestimable valeur, le bouquiniste se remit à sa correspondance que rien ne vint plus interrompre.

Jacques Lagarde avait retrouvé Pascal à l'hôtel de la rue de Miromesnil, il le prit à part et lui raconta dans les moindres détails sa visite au libraire de la rue Guénégaud.

— Ainsi, — demanda vivement Pascal, — tu crois le *Testament rouge* entre les mains de ce Fauvel?

— Je fais plus que le croire... je suis certain qu'il s'y trouve...

— Alors voilà, ce me semble, qui va modifier nos plans...

— Pourquoi donc?

— Ce volume en notre possession, le docteur

Thompson n'a plus de raison d'être et l'hôtel de la rue de Miromesnil devient inutile.

— Il faut avoir le livre, c'est clair, — répliqua Jacques, — mais il importe, quant à présent, de ne rien modifier à nos plans primitifs... — presse l'installation à Paris, moi je hâterai les travaux du *Petit-Castel*... — A propos, un homme dans ma position doit avoir chevaux et voiture...

— J'y ai déjà pensé et j'ai vu un marchand de chevaux et un carrossier...

— Pense également à un cocher...

— C'est inutile. — Notre Alsacien sait conduire, et je suis d'avis de ne pas compliquer outre mesure, quant à présent, le train de maison... — Quand on a pas mal de choses à cacher, ce qui est notre cas, les domestiques sont dangereux.

— Tu es dans le vrai, simplifions...

Nous venons d'entendre le pseudo-Thompson parler des travaux du *Petit-Castel* où Marthe était restée seule, servie par une jeune paysanne de Créteil.

Les ouvriers, nous le savons, avaient pris possession du sous-sol et du rez-de-chaussée de la villa le jour même du départ d'Angèle et du ménage alsacien.

Marthe regrettait assurément l'absence de sa nouvelle amie, qui se montrait très bonne pour elle et qu'elle aimait beaucoup, mais elle ne s'ennuyait pas et surtout ne s'alarmait en aucune façon de son isolement, à peu près complet car sa servante improvisée avait à Créteil un amoureux et ne passait au *Petit-Castel* que le moins de temps possible, préparant et servant les repas en toute hâte, puis disparaissant.

Marthe allait et venait dans le petit parc, poussait quelquefois sa promenade jusqu'au village voisin, visitait les travailleurs et, le soir venu, prenait un livre, s'installait sur un banc rustique ombragé par un groupe de marronniers et commençait une lecture qu'elle interrompait bientôt pour songer à sa nouvelle existence.

Jamais un doute ne s'était élevé dans l'esprit de la jeune fille au sujet de l'affection que lui témoignait son protecteur, le docteur Thompson.

Elle avait ajouté une foi aveugle à la fable inventée par Jacques Lagarde et que nous avons racontée.

Il s'agissait d'une prodigieuse ressemblance existant entre Marthe et une fille qu'il aurait perdue.

Pourquoi aurait-elle soupçonné un mensonge?

Le fait en lui-même n'offrait rien d'invraisemblable, et d'ailleurs Angèle, que l'on s'était empressé de mettre au courant, l'avait confirmé.

Du reste chacun, dans son entourage, lui prodiguait des témoignages d'attachement et de sympathie.

On l'entourait de soins, de prévenances.

Elle jouissait d'une liberté complète.

Jamais un mot de nature à blesser sa pensée et son âme virginales n'avait été prononcé devant elle.

Elle se sentait heureuse et se pelotonnait en quelque sorte dans son bonheur, remerciant Dieu de le lui avoir envoyé juste au moment où elle désespérait de l'avenir.

A ce bonheur une seule chose manquait, c'était la possibilité de le faire partager à sa mère, à sa mère qu'elle idolâtrait, et dont nulle affection étrangère ne pouvait et ne pourrait jamais remplacer la tendresse.

Souvent, presque sans cesse, elle pensait à la pauvre Périne...

Alors son cœur subitement gonflé débordait, et elle se mettait à pleurer...

Mais elle essuyait vite ses larmes dans la crainte que le docteur Thompson ne s'aperçût qu'elle avait les yeux rougis.

Or, il lui avait expressément défendu de songer au passé.

Elle voulait obéir, mais quand d'une façon inconsciente son esprit retournait vers ce passé, elle se rappelait en même temps les grandes espérances, les espérances d'avenir dont sa mère parlait si souvent.

Elle songeait à cette richesse mystérieuse, vaguement entrevue et dont Périne faisait miroiter à ses yeux les scintillements.

1.

Elle songeait à cette médaille, sorte de talisman qui devait être pour elle, comme dans les contes orientaux, le *Sésame ouvre-toi!* d'une existence nouvelle.

De cette médaille elle n'avait point encore parlé au docteur Thompson. Elle se promettait, il est vrai, de lui faire ses confidences à ce sujet, afin qu'il la mît à même de retirer du Mont-de-Piété de Joigny le précieux disque d'or, mais, ces confidences, elle les remettait de jour en jour.

— J'attendrai que le docteur me connaisse mieux, — se disait-elle, — et que j'aie mérité vraiment la confiance et l'attachement qu'il me témoigne... Il ne me laissera pas, j'en suis sûre, tout à fait sans argent.. Si peu que je fasse et si minces que soient mes services, il les rémunérera certainement... j'économiserai, et lorsque j'aurai pu dégager la médaille, je la lui montrerai, en lui disant quel secret s'y trouve attaché...

Bref, la douce et charmante créature vivait rassurée sur l'avenir, et pleine de sympathie pour ceux qui l'entouraient.

Convaincue que le docteur Thompson possédait une importante fortune, le but de son voyage et de son installation à Paris lui semblait non-seulement naturel, mais digne des plus grands éloges, car elle supposait qu'il allait mettre au service de tous sa science de médecin, non par désir de lucre mais par amour pour l'humanité.

Son protecteur lui inspirait une admiration sans réserve, une confiance illimitée, et cette confiance était poussée si loin qu'elle ne songeait point à s'étonner des travaux, bien étranges cependant, qu'il faisait exécuter au *Petit-Castel*.

Elle se contentait de penser :

— Le docteur est Américain, et les Américains ont tous, à ce qu'il paraît, une petite pointe d'excentricité... — Mais s'il est excentrique il le tient de sa race, et il est aussi le meilleur des hommes. — Cela, il le tient de son cœur.

Ces quelques explications étaient nécessaires pour bien faire comprendre à nos lecteurs quels sentiments de confiance, d'estime et d'affection, éprouvait pour son protecteur la fille de Périne Grandchamp.

Revenons à Paul Fromental, ce que nous pouvons faire sans nous éloigner du *Petit-Castel*.

Le jeune homme s'était installé avec la vieille servante dans la maisonnette louée par son père.

Madeleine, très débrouillarde malgré son âge, avait rapidement mis toutes choses en ordre, s'était enquis de l'endroit où elle pourrait faire ses provisions, et dès le lendemain de l'arrivée à Port-Créteil on aurait pu croire que depuis longtemps déjà Paul y résidait.

Conformément aux ordres donnés par Raymond Fromental, Madeleine était allée trouver le propriétaire du restaurant de l'île, qui lui avait fourni quelques paniers de vieux vin de Bordeaux pour l'ordinaire de Paul, et pour elle-même un petit *reginglard* point du tout désagréable et à très bon marché.

Paul, s'éloignant de Paris à l'improviste, n'avait pas eu le temps de voir son ami Fabien de Chatelux.

Aussi s'était-il empressé de lui écrire dès le lendemain matin, afin de lui expliquer les motifs de son brusque départ, de lui dire où il se trouvait et de l'engager à venir le voir le plus tôt possible, convaincu qu'il se rendrait sans retard à cette invitation.

II

Pour aller mettre sa lettre à la poste Paul devait traverser la Marne et gagner à Saint-Maur-les-Fossés, où se trouvait la boîte la plus proche.

— Je sors en bateau, Madeleine, — dit-il à la vieille servante. — Après ma promenade, j'irai lire un peu sous les arbres...

— Lire! — répéta Madeleine! — Mon doux Jésus!.. Pourquoi faire?

— Pour me distraire, tout simplement.

— Non, non! point de lecture! — Vous avez promis à votre papa de ne pas travailler... — il faut tenir parole.

— Mais, — répliqua Paul en souriant, — je ne puis rester oisif du matin au soir... je mourrais d'ennui... — il faut bien que je m'occupe à quelque chose...

— Occupez-vous à quoi vous voudrez, pourvu que ce ne soit point à vous fatiguer la cervelle... Tous vos grimoires de grec, de latin, de *jométrie*, à quoi je ne comprends goutte, ne sont bons qu'à vous détraquer l'esprit et le corps !... N'en faut pas !...

— Alors, dis-moi ce que je puis faire.

— N'importe quoi... à votre idée...

— A mon idée !... il ne m'en vient aucune...

— Eh bien, en voici une : — Allez à la pêche, et tâchez de nous prendre une belle friture pour le dîner de ce soir.

— Tiens ! tiens ! — s'écria Paul joyeusement, — mais c'est très bien imaginé, cela ! — Je vais à Saint-Maur... J'y trouverai sans doute un marchand d'outils de pêche... — Je ferai l'acquisition d'un attirail complet, et je vais *taquiner le goujon*, comme disent les malins de la partie...

— A la bonne heure... Ce n'est point ça qui vous fatiguera l'imagination. Mais, surtout, gardez-vous de rester en plein soleil, — il n'en faudrait pas plus pour vous donner une bonne migraine, mon cher mignon.

— Aucun danger que j'attrape un coup de soleil. — Je sais un joli coin de Marne couvert d'ombre. — J'amarrerai là mon bateau sous les saules, et je ferai une pêche monstre !...

— Vous en êtes bien sûr ?

— Parbleu !... Si j'en suis sûr !...

— Alors ce n'est pas la peine que j'achète quelque chose pour le dîner, — dit Madeleine en riant. — La friture suffira.

— Ah ! non, par exemple, — répondit Paul en riant aussi, — nous risquerions trop de jeûner !... — Achète ! achète ! la friture viendra en extra...

Le jeune homme partit enchanté.

Assez habile à manier l'aviron, en quelques minutes il fut de l'autre côté de la rivière.

Il attacha son bachot dans un petit bras de Marne, auprès d'un bateau de blanchisseuses, et sautant sur la berge il courut jeter sa lettre dans la boîte voisine du restaurant de l'île.

Le restaurateur, debout sur sa porte, causait avec un naturel du pays ; reconnaissant le jeune homme pour l'avoir vu déjeûner dans son établissement, il le salua.

Paul s'approcha lui.

— Mon cher monsieur, — lui dit-il, — voulez-vous me rendre un service ?

— Je le ferai bien volontiers. — De quoi s'agit-il ?

— De me dire où je trouverai un marchand d'outils de pêche.

— Juste au bout de la rue que vous voyez-là... — Le père Tardif, à l'enseigne du *Tombeau des Gou-*

ions... — Ah ça ! vous voulez donc vous assurer que l'ablette mord ?

— Ma foi, oui... pour tuer le temps...

— Ne prenez pas tout... La Fouine vous chercherait querelle !...

— Qui ça, la Fouine ? — demanda Paul.

— Une espèce de philosophe en haillons... un pêcheur enragé... un braconnier d'eau douce... Personne ne peut lui en remontrer pour ce qui est de la pêche... — S'il ne prend rien quelque part, c'est qu'il n'y a rien à prendre... — Malin du premier numéro ! — Un bon diable au fond. — Je lui achète son poisson souvent... — Si vous restez quelque temps par ici et que vous fréquentiez la rivière, vous ne pourrez manquer de le connaître...

— Puisqu'il est si habile, je le prierai de me donner des leçons.

— Oh ! il ne demandera pas mieux, surtout s'il y a une bouteille de vin blanc au bout de la leçon...

Paul remercia le restaurateur et se rendit au *Tombeau des Goujons* chez le père Tardif, le marchand d'outils de pêche.

Là il fit ses acquisitions et bientôt il revint à son bateau, muni d'une épuisette, d'une canne, d'un filet pour mettre le poisson, de lignes, d'une boîte à vers rouges, et d'un petit pot dans lequel grouillaient ces vers de viande vulgairement nommés *asticots*.

Il se débarrassa de son attirail en le posant sur le plancher de son embarcation, détacha l'amarre, prit les rames, les plaça dans les tolets et se laissa lentement entraîner par le courant très faible dans le petit bras bordant un des côtés de la propriété achetée par Jacques Lagarde sous le pseudonyme du docteur Thompson.

Il longea la rive et vint s'amarrer de nouveau sous un saule énorme projetant sur les eaux vertes son ombre frissonnante, et dominé lui-même par un groupe de trois grands marronniers à fleurs roses, dits *pavias*, dont le feuillage épais entourait de fraîcheur, même en plein midi, un banc de jardin.

Saule, marronniers et banc rustique appartenaient au parc du *Petit-Castel*.

Le jeune homme apprêta sa ligne, amorça ses hameçons, s'assura de la profondeur de l'eau à l'aide d'une petite sonde de plomb attenant à une ficelle garnie de liège et, cela fait, il lança à la volée, un peu en tête du bateau, quelques pincées de vers rouges, puis il mit à l'eau sa ligne.

Paul n'était point du tout ferré sur les trucs de la pêche ; — il pouvait et devait passer pour un simple amateur, absolument naïf, mais il se trouvait sur un bon fond d'eau, entouré de grandes herbes, ce qui constituait une *place* exceptionnellement favorable.

Il prit coup sur coup quelques gardons qu'il introduisit tout frétillants dans le sac de filet accroché à l'un des tolets du bachot.

Ce facile succès l'amusa et lui donna les premiers éléments de cette patience indispensable au pêcheur à la ligne, au sujet duquel un railleur plus méchant que spirituel a lancé cette épigramme mordante, mais pas toujours méritée :

La ligne est un instrument à deux bouts. — A l'un des bouts il y a un hameçon, à l'autre un imbécile.

Donc Paul s'amusait.

C'était le principal.

Les gardons continuaient à mordre. — Il ferrait. — Il tirait, — il décrochait, — et n'avait presque que le temps de glisser ses captures dans le sac en filet.

Au bout de deux heures de patience il se trouvait à la tête d'une friture, ma foi, très confortable.

Il regarda sa montre.

Les aiguilles n'indiquaient que trois heures.

— Je ne dîne jamais avant sept heures, — se dit-il, — que je sois à six heures à la maison, cela suffira... Madeleine aura plus que le temps d'apprêter notre poisson... — Comme je vais la surprendre... d'autant plus que d'ici là j'aurai doublé mes prises...

Et il se remit à pêcher après avoir jeté sur *son coup* quelques nouvelles pincées de vers rouges.

Le temps était radieusement beau.

Le soleil dardait ses rayons sur la rivière comme autant de flèches de feu, mais Paul se trouvait dans une atmosphère relativement fraîche, au milieu d'une ombre transparente.

Silencieux, captivé, il suivait avec un intérêt immense, presque avec émotion, les moindres mouvements du *flotteur* de sa ligne.

« *Ça mordait-il ?* »

Cette simple question prenait pour lui une importance capitale.

Ainsi absorbé, il n'avait pas entendu un léger frôlement des herbes se produire juste au-dessus de lui, dans le parc du *Petit-Castel*, non plus que des pas légers.

Il n'avait point vu une forme gracieuse s'avancer, un livre à la main, et venir s'installer sur le banc rustique, sous l'ombrage des grands marronniers à fleurs roses.

Si la jeune fille qui venait ainsi prendre le frais à deux pas des berges fleuries et riantes de la Marne demeurait invisible pour Paul Fromental, elle ne soupçonnait pas non plus la présence du bateau et du pêcheur, cachés à ses yeux par les saules surplombant la Marne.

La forme gracieuse, — nos lecteurs n'ont pu certainement avoir un seul instant de doute à cet égard — était celle de Marthe Grandchamp.

Elle lisait un roman à peu près oublié, mais exquis quoique paradoxal, de madame Emile de Girardin, MARGUERITE *ou les deux amours*, cette histoire saisissante d'un cœur qui se partage entre deux sentiments pareils, sans pouvoir arriver à se départager, et qui finit par tuer la touchante héroïne dans le sein de laquelle il battait.

Marthe en était arrivée à l'une des dernières phases du roman, celle où *Marguerite* se disait, en parlant de *Robert de la Fresnaye* : — *Si je n'épouse pas celui-là, je meurs !* — Et en même temps, se répondait : *Sans Étienne Darnac, pourrais-je vivre ?*

La fille de Périne, au moment où commence notre récit, avait le cœur vierge de tout amour.

Jamais elle ne s'était même affirmé que ce cœur appartiendrait un jour sans réserve à celui qui le premier saurait le faire battre.

Ce qui ne l'empêchait point de considérer comme anormale, comme inadmissible, cette dualité dans la passion, et de se dire que son cœur à elle ne pourrait à la fois s'ouvrir à un double amour.

— Si je dois aimer un jour, — murmura tout à coup l'orpheline en quittant son livre et en laissant errer dans le vague le regard de ses grands yeux, —

je sens bien que mon cœur ne se partagera pas... — Il n'appartiendra qu'à un seul...

La pensée, même vague, de l'amour, est troublante pour toute jeune âme.

Marthe devint songeuse.

A cette minute précise elle entendit un petit bruit qui la tira soudain de sa rêverie.

C'était comme un clapotement inaccoutumé dans l'eau.

La jeune fille se leva et jeta un coup d'œil vers la rivière.

A travers le feuillage elle aperçut d'abord une ligne, puis une main tenant cette ligne, puis une autre main armée d'un petit filet ajusté sur un cercle de laiton, et s'efforçant de faire entrer dans ce filet une brême superbe, prise à l'hameçon et se débattant avec l'énergie du désespoir au bout de la ligne.

Après un instant de lutte, la brême entra dans le filet, et une voix joyeuse, ne se doutant pas qu'elle pouvait être entendue, s'écria :

— Ah! par exemple, voilà ce qui peut s'appeler une belle pièce... — Ma vieille Madeleine n'en croira point ses yeux!!

La voix de Paul était douce et bien timbrée.

Elle frappa Marthe qui, curieuse comme toute fille d'Ève, voulut savoir à quel pêcheur appartenait cette voix, et constater *de visu* si, comme eût dit le fabuliste, le plumage valait le ramage.

En conséquence, elle s'avança jusqu'à l'extrême bord de la berge gazonnée, saisit pour se soutenir une branche du saule auquel Paul avait amarré son embarcation, et se pencha en avant.

Ce mouvement trop brusque fit perdre l'équilibre à la jeune fille. — Elle glissa en poussant un cri de frayeur, et serait tombée à l'eau si l'un de ses pieds ne s'était arcbouté fort à propos sur une racine.

Le livre échappé de sa main roula sur le talus et tomba dans le bachot de Paul.

Celui-ci, très ému par sa pêche miraculeuse, était accroupi et s'efforçait de mener à bien une opération difficile pour ses doigts novices, c'est-à-dire de décrocher de l'hameçon la brême sautillant sur le plancher de la barque.

En entendant le cri poussé par Marthe Grandchamp, il se dressa en tournant la tête du côté de la berge d'où le cri était parti, et il demeura muet, saisi, comme en extase.

Un tableau ravissant non moins qu'inattendu s'offrait à ses regards.

Le visage adorable de l'orpheline lui apparaissait, baigné dans une lumière transparente, au milieu d'un nimbe de verdure, cadre naturel allant bien à sa beauté d'ondine ou d'amadryade.

C'était une apparition tout à la fois fantastique et divine.

En apercevant cette figure de vierge idéale, en voyant ces deux grands yeux de velours fixés sur lui, Paul se sentit remué jusque dans les profondeurs de son être.

Pour la première fois de sa vie il éprouvait un trouble inexplicable, une sensation impossible à définir mais absolument délicieuse.

Marthe, de son côté, venait de ressentir une commotion pareille, suivie d'une semblable émotion.

Ses deux petites mains serraient toujours la branche de saule à laquelle elles s'étaient cramponnées.

Le corps penché au-dessus des eaux qui coulaient silencieuses, le regard se noyant dans le regard de Paul, elle se trouvait ainsi que lui sous le charme; en extase ainsi que lui.

Cet état de mutuel hypnotisme dura quelques instants, puis le jeune homme, rentrant le premier en possession de lui-même, sentit tout le sang de ses veines affluer à son cœur.

Une ardente rougeur envahit ses joues.

— C'est vous, mademoiselle, — demanda-t-il en ôtant d'un geste gracieux son grand chapeau de paille, — c'est vous qui venez de me surprendre et de m'inquiéter en poussant un cri de frayeur?...

La voix de Paul parlant ainsi était plus douce encore qu'au moment où quelques minutes auparavant elle avait pour la première fois frappé l'oreille de Marthe.

A son tour la jeune fille devint pourpre.

— Oui, monsieur, — répondit-elle, — c'est bien moi...

— Que vous est-il donc arrivé ?...

— La curiosité a failli me jouer un mauvais tour. — Il s'en est fallu de bien peu que je roule jusqu'à la rivière. — Heureusement mes mains tenaient solidement cette branche, et mon pied a rencontré une racine, ce qui m'a permis de me retenir... — Mon livre seul a glissé dans votre bateau...

Paul avait suivi la direction du regard de Marthe.

Il vit le livre à ses pieds.

— C'est vrai... — le voilà... — dit-il en se penchant pour le ramasser.

III

La voix de Marthe était mélodieuse et bien timbrée. — Une *voix d'or*, comme on dit aujourd'hui.

Elle alla droit au cœur du jeune homme.

— Comment m'y prendre pour vous restituer ce livre, mademoiselle? — demanda-t-il, — Je ne puis, en cet endroit, grimper jusqu'à vous, car la berge est à pic... — Vous le jeter serait imprudent... la reliure est charmante et risquerait d'être endommagée... — où pourrai-je aborder?

— Mais, monsieur, — répliqua Marthe vivement. — je serais désolée d'interrompre votre pêche...

— Qu'importe ma pêche? — Répondez-moi, je vous en prie...

— Eh bien! puisque vous le voulez, là, à gauche... dans le petit bras qui longe la propriété... — Vous trouverez un débarcadère...

— Je vais vous rejoindre...

Paul, ivre de joie, détacha son bateau, prit les avirons et gagna le bras de Marne indiqué par l'orpheline.

Celle-ci, dans le petit parc, ne le perdait pas de vue tout en suivant une allée de contour pratiquée sous les arbres et longeant la berge.

En ramant, le jeune homme avait les yeux attachés sur elle.

— Je croyais, — pensait-il, — qu'une beauté si parfaite ne pouvait exister que dans les rêves des artistes ou des poètes...

Arrivé presqu'à l'extrémité du bras de Marne, il vit un canot amarré près d'un escalier, — il attacha le sien à côté, prit le livre et gravit les marches.

Il atteignait la dernière lorsque Marthe, un instant cachée par des touffes de verdure très épaisses entourant un berceau sous lequel se voyaient des chaises rustiques, apparut de nouveau, et d'un pas rapide quoique un peu hésitant s'approcha.

En face l'un de l'autre les jeunes gens s'arrêtèrent.

Tous les deux ils étaient émus, troublés, et Paul autant que Marthe.

L'orpheline baissa les yeux sous le poids du regard ébloui qu'attachait sur elle le fils de Raymond Fromental, la trouvant beaucoup plus belle encore de près qu'à distance.

D'une main qui tremblait un peu il lui tendit le volume, en la saluant.

— Voici votre livre, mademoiselle, — balbutia-t-il d'une voix si basse que Marthe devina ses paroles plutôt qu'elle ne les entendit. — Je suis bien heureux d'avoir pu vous être agréable en vous le rapportant... Oui... bien heureux...

Sans lever les yeux, la fille de Périne étendit la main pour prendre le volume.

Ses doigts effleurèrent ceux du jeune homme.

Si léger qu'il fût, cet effleurement produisit l'effet d'une pile électrique.

Marthe reçut au cœur une secousse inconnue ; elle éprouva une sensation tout à la fois exquise et presque douloureuse.

Un frisson courut sur sa chair.

Ses yeux se fermèrent à demi et ses jambes chancelèrent, comme si le sol oscillait sous ses pieds.

Nous n'étonnerons personne en affirmant que Paul ressentit de son côté une commotion pareille.

Marthe se remit la première, tandis que le jeune homme s'efforçait, mais en vain, de se reconquérir.

— Je vous remercie, monsieur... — lui dit l'orpheline, — vous avez été très bon pour moi...

Paul ne répondit pas.

Il restait immobile.

On aurait pu croire que le contact des doigts déli-

cats de la jeune fille venait de le changer en statue.
— Toute sa vie semblait se concentrer dans ses regards qui demeuraient rivés sur le visage de Marthe et paraissaient ne plus pouvoir s'en détacher.

Les yeux toujours baissés, l'orpheline ne voyait pas ce regard, mais elle en sentait la persistance et elle se troublait de plus en plus.

La situation devenait trop embarrassante pour se prolonger.

Il fallait en sortir n'importe comment ; rompre ce silence gênant, parler enfin, fût-ce pour ne rien dire.

Paul le comprit, et au bout de quelques secondes entama l'entretien par cette banalité :

— C'est un livre d'histoire, mademoiselle, que vous lisez là ?

— Non, monsieur, c'est un roman... — répondit Marthe.

— Un roman historique ?

— Non, monsieur... c'est un roman de mœurs... un roman moderne... Ce qu'on appelle je crois une étude analytique du cœur humain...

— Me permettez-vous, mademoiselle, de vous demander le nom de l'auteur ?...

— Madame Emile de Girardin...

— Et, le titre de l'ouvrage ?...

La jeune fille devint pourpre.

Ce titre qu'on lui demandait rappelait à son esprit les réflexions suggérées un peu auparavant par un des chapitres qu'elle lisait, amenant à leur suite une agitation inconnue.

Il était impossible cependant de ne pas répondre.

Elle répondit :

— Ce roman est intitulé : *Marguerite* ou *les Deux Amours*.

— Ah! — s'écria Paul — je sais.

— Vous avez lu?

— Oui, mademoiselle...

— Et que pensez-vous de l'idée sur laquelle le livre est construit? — demanda brusquement Marthe, rendue hardie par le désir soudain de connaître l'opinion du jeune inconnu sur une question qui la préoccupait de façon si vive.

— Ce que je pense de l'idée? — répéta Paul. — Je la trouve fausse.

Marthe, dont le cœur battait à se rompre, resta muette.

Le jeune homme poursuivit :

— N'est-ce point votre avis, mademoiselle, et le dénouement ne vous semble-t-il pas très pénible?

— Je n'en suis pas encore tout à fait au dénouement, — répondit l'orpheline, — mais je le prévois...

— Et, selon vous, quel est-il?

— *Marguerite* mourra, tuée par l'un de ses amours.

Il semblait que le mot: *amour* eût peine à s'échapper des lèvres de la jeune fille.

En le prononçant, sa voix faiblissait.

— Croyez-vous, mademoiselle, que le cœur puisse se partager entre deux affections? — reprit Paul avec élan.

— Non, monsieur... — murmura Marthe dont l'embarras et l'émotion grandissaient. — Je crois... je suppose... que le sentiment dont il est question dans ce livre, cesse d'exister s'il n'est unique... — Je crois que le cœur qui se partage est faible, sans volonté, sans courage... Je vais même plus loin... Je crois qu'il est dupe d'une erreur, et qu'en se figurant aimer véritablement il s'abuse...

— Et vous avez raison, mademoiselle, — s'écria le fils de Raymond Fromental. — Il est des questions qu'on résout sans peine rien qu'en s'interrogeant soi-même!... — Je sens bien, moi, que mon cœur, le jour où il se donnera, ne se partagera point, qu'il ira tout entier et pour toujours à la même idole! — Aimer une femme de toutes les forces de son âme, c'est l'amour, ce doit être le ciel. — En aimer deux à la fois, c'est la négation, c'est la profanation de l'amour!...

En parlant ainsi Paul s'animait, ses yeux brillaient, une sorte de rayon intérieur se reflétait sur son visage et l'illuminait.

Marthe, en le regardant, en l'écoutant, se sentait prise d'éblouissements, de trouble, de vertige.

Il lui semblait que les paroles de jeune inconnu s'adressaient à elle ; chacune de ces paroles descendait jusqu'au fond de son cœur et l'enivrait.

D'une voix très basse, presque inintelligible, elle balbutia :

— C'est vrai... je pense ainsi...

Puis, comme incapable de se soutenir, elle se laissa tomber sur un des sièges rustiques dont nous avons parlé.

L'expérience de la vie manquait absolument à Paul.

Malgré son intelligence très développée, sa naïveté, en certaines circonstances et à propos de certains sujets, égalait celle d'un enfant.

N'attribuant point à l'émotion la quasi défaillance de la jeune fille, il crut à un malaise passager.

— Etes-vous souffrante, mademoiselle ? — demanda-t-il avec inquiétude. — En parlant comme je viens de le faire, ai-je eu la maladresse de réveiller en vous quelque souvenir attristant ?

L'orpheline secoua la tête.

— Ne croyez pas cela, monsieur... — répondit-elle vivement, — j'éprouve un peu de fatigue, voilà tout... — Les idées exprimées par vous sont les miennes et n'ont pu éveiller en moi de souvenirs attristants... je n'ai pas de souvenirs...

Paul tressaillit de joie, sans se rendre compte du motif qui causait cette joie.

Ce motif qu'il ne devinait point, nous le connaissons.

La réponse de Marthe était un inconscient aveu.

Elle n'avait pas de souvenirs...

C'était affirmer que son cœur n'avait jamais aimé.

— Puisque vous êtes fatiguée, mademoiselle, — reprit le jeune homme, — voulez-vous me permettre de vous offrir mon bras jusqu'à votre demeure ?...

— Je vous remercie, monsieur, mais c'est inutile... — l'habitation est là, derrière les arbres, à deux pas... et d'ailleurs je vais me reposer ici quelques instants encore...

— Pardonnez-moi donc, mademoiselle, d'avoir poussé l'indiscrétion jusqu'à vous importuner si longtemps...

— M'importuner... — répéta d'un ton de reproche la fille de Périne Grandchamp, — vous ne pouvez le penser... — C'est moi qui suis votre obligée, monsieur... vous avez bien voulu quitter votre pêche pour me rapporter le livre que si maladroitement j'avais laissé tomber.

— Heureuse maladresse, puisqu'elle m'a permis

de vous rendre un petit service... — s'écria Paul.

Marthe eut aux lèvres un demi-sourire.

— Ceci, monsieur, est une flatterie... — répliqua-t-elle.

— Non, mademoiselle, je vous le jure!! — Je suis heureux d'avoir pu causer un instant avec vous... — Cette rencontre fortuite, cette entrevue, si courte qu'elle ait été, laisseront une empreinte ineffaçable dans... ma mémoire...

Il n'avait pas osé dire : *dans mon cœur*... et pourtant c'est le mot qui venait sur ses lèvres...

Paul ne s'éloignait pas.

Le silence s'établit.

Ce silence devenait gênant. — Pour le rompre Marthe demanda :

— Habitez-vous ces environs, monsieur ?...

— Oui, mademoiselle, de l'autre côté de l'eau... une maisonnette dépendant du village de Port-Créteil...

— C'est votre résidence habituelle ?...

— Non... je suis là momentanément... pour quelques mois seulement,..

— Vous paraissez aimer beaucoup la pêche?...

— Beaucoup... et je crois qu'à l'avenir je l'aimerai davantage encore...

— Pourquoi donc?

Cette question naïve, faite sans aucune arrière-pensée par la jeune fille, embarrassa Paul.

Un plus hardi que lui n'aurait pas manqué de répondre :

— Parce que la pêche me procurera, comme elle l'a fait aujourd'hui, l'immense joie de vous voir... de vous parler...

Et de là à une déclaration il n'y avait qu'un pas.

Mais Paul n'était rien moins que hardi, aussi, ne voulant point exprimer sa pensée véritable et ne pouvant rester court, se tira-t-il d'affaire par un petit mensonge.

— Parce que, — répliqua-t-il, — je crois avoir trouvé un endroit merveilleux où tout le poisson de la Marne semble s'être donné rendez-vous... j'y viendrai souvent... j'y viendrai chaque jour...

— Ce doit être très amusant de pêcher, quand on réussit... — dit Marthe pour dire quelque chose.

— Oh ! très amusant !...

— Je n'aurais point la patience...

— Que n'essayez-vous ?

— Je ne saurais pas...

— Voulez-vous que je vous donne des leçons ?

— Je vous remercie de cette offre gracieuse, monsieur, mais je la refuse... j'aime mieux lire...

Et la jeune fille rouvrit son volume, ce qui équivalait presque à un congé en bonne forme.

Paul le comprit.

— Je vous quitte, — balbutia-t-il, — au revoir mademoiselle.

— Au revoir, monsieur.

Marthe s'était levée.

Par un mouvement presque involontaire elle tendit la main au jeune homme, qui la saisit.

Tous deux éprouvèrent alors, mais plus violente, la commotion électrique déjà ressentie lorsque leurs doigts s'étaient effleurés sur le volume que rapportait Paul.

Il pressa cette main fine, aux doigts longs et minces, et la soulevant un peu il y posa ses lèvres frémissantes.

La fille de Périne devint pâle comme une morte et ferma les yeux ; — tout son sang affluait au cœur.

Paul se sentit envahi par un délire soudain qui lui fit presque peur,

Il s'éloigna brusquement, franchit d'un seul élan les degrés de l'embarcadère, et bondit dans sa barque dont il détacha l'amarre.

Ceci fait, il se retourna.

Debout sur le haut de la berge, Marthe encore un peu pâle et la main appuyée sur le côté gauche de la poitrine, le regardait.

D'un geste timide, il la salua.

La jeune fille lui rendit ce salut en inclinant la tête.

Saisissant alors les avirons Paul mit en mouvement le bachot qui fila dans les roseaux.

Marthe, un sourire aux lèvres, le regardait s'éloigner.

— Qu'est-ce donc que j'éprouve ? — se demanda le fils de Raymond. — Il me semble que ma poitrine est trop étroite pour contenir mon cœur qui bat à se briser. — Je suis heureux comme je ne l'ai jamais été, et cependant je souffre... — Ce sentiment inconnu qui s'empare de moi, quel est-il ? — Est-ce cela qu'on appelle amour ?

L'embarcation atteignait l'extrémité du petit bras.

Au moment de tourner, Paul jeta un dernier coup d'œil sur l'endroit qu'il venait de quitter.

Ce coup d'œil chercha la jeune fille et la trouva.

Elle était encore là, le regardant toujours.

IV

Le cœur de plus en plus rempli d'une ivresse inconnue de lui jusqu'alors, Paul remonta le grand bras de la Marne, atteignit le remisage de son bateau qu'il amarra solidement, réunit ses outils de pêche en un seul faisceau, serra ses pots de terre et ses boîtes de fer-blanc, prit son sac en filet dans lequel il introduisit la superbe brême capturée en dernier lieu, et très joyeux, très fier, il s'engagea sur le chemin qui conduisait à la petite villa.

Madeleine le guettait depuis le seuil.

— Six heures sonnées! — lui cria-t-elle du plus loin qu'elle le vit. — Dépêchez-vous donc, monsieur le pêcheur, que je prépare votre friture... si vous en avez une... ce qui n'est pas bien sûr...

— Ah! tu crois ça! — répliqua Paul en riant.

— Dame! il me semble... un apprenti pêcheur...

— Eh bien! regarde ce qu'il t'apporte, l'apprenti pêcheur.

En même temps le jeune homme étalait le contenu de son filet devant la vieille servante, qui poussa une exclamation de surprise.

Elle n'en croyait pas ses yeux.

— C'est-il bien Dieu possible !! — fit-elle ensuite. — Il a dévalisé la Marne!... En voilà du poisson pour de vrai!! — Et vous avez pêché ça tout seul?

— Nous étions deux... Ma ligne et moi.

— Eh bien! pour votre récompense je vais vous apprendre une nouvelle qui vous fera plaisir... — Nous aurons quelqu'un à dîner...

— Fabien... — s'écria Paul — Je lui avais écrit...

— Ce n'est point M. de Chatelux...

— Mon père, alors ?

— Oui.

— Comment le sais-tu ?

— Il a envoyé une dépêche que je me suis permis de lire... — il arrivera par le train de six heures et demie... — Vous n'avez que le temps de courir le chercher à la gare.

— J'y vais... — Ah ! oui, ma vieille Madeleine, voilà une bonne nouvelle!

S'étant débarrassé de ses outils de pêche, Paul prit sa course dans la direction de la rivière, sauta dans son bateau, et dix minutes plus tard il était à la gare de Saint-Maur où il embrassait son père qui descendait du train.

Raymond, après avoir fait de nombreuses courses dans Paris, n'avait pu résister au désir d'aller voir son fils.

Il arrivait juste à l'heure indiquée par sa dépêche.

Après avoir répondu avec effusion aux étreintes de Paul, il le regarda très attentivement et il lui sembla que, depuis deux jours qu'il ne l'avait vu, l'apparence extérieure s'était déjà modifiée d'une façon satisfaisante.

Le jeune homme raconta dans tous ses détails la pêche miraculeuse à laquelle nous avons assisté, mais il eut grand soin de ne pas dire un seul mot de son entrevue avec l'inconnue mystérieuse.

Pourquoi?...

La Marne fut traversée et le père et le fils gagnèrent l'habitation où Madeleine préparait leur repas.

La brave servante manifestait le débordement de sa joie par de vieux refrains du temps de sa jeunesse chantés d'une voix chevrotante.

La présence de Raymond allait reconstituer pour elle son cher intérieur de la rue Saint-Louis-en-l'Ile, et elle tenait à fêter cette première réunion en présentant aux deux convives un véritable dîner de gourmets.

Elle y réussit.

La friture de gardons était dorée à point.

La brême en matelote largement épicée aurait réveillé l'appétit d'un agonisant.

Enfin l'entrecôte Bercy, d'où s'échappait un excitant parfum d'échalotes et de fines herbes, pouvait rivaliser avec les produits culinaires des meilleurs restaurants du Boulevard.

Le dîner fut gai, quoique Raymond eût annoncé qu'il lui faudrait retourner le soir même à Paris ; mais la promesse faite par lui de revenir à bref délai rendait moins pénible l'idée de la séparation.

Cette séparation eut lieu vers dix heures.

Raymond embrassa son fils, qu'il ne voulut point autoriser à le reconduire, serra la main de Madeleine et partit.

Paul, qu'une journée très active avait nécessairement fatigué, se mit au lit aussitôt après son départ.

Nous n'étonnerons point nos lecteurs en affirmant que, malgré sa fatigue, il ne dormit guère.

Dans un état de demi-assoupissement, qui n'était ni la veille absolue ni le sommeil complet, il rêva de la *Fée aux Saules;* — c'est ainsi qu'il appelait la jeune fille dont il ignorait le nom, mais dont l'image remplissait sa pensée.

— Je veux la revoir, — murmurait-il. — Je la reverrai... Demain je retournerai à la pêche... J'atta-

cherai ma barque au même endroit sous les saules...
— Elle viendra sans doute lire au bord de l'eau... —
Pourquoi ne désirerait-elle point ma présence comme
j'ai soif de la sienne?... — Il me semble que mon
cœur lui appartient tout entier et pour toujours...
— Pourquoi ne me donnerait-elle pas, en échange,
une part du sien?

Puis il se posait ces questions, auxquelles naturellement il ne pouvait répondre :

— Est-ce une jeune fille?

» Est-elle mariée?

» Est-elle veuve?

» Elle porte des vêtements noirs. — De qui est-elle en deuil? — Est-ce d'un père? est-ce d'un mari?

Et mille pensées confuses s'entre-choquaient dans l'esprit fiévreux du jeune homme, et son imagination bâtissait des châteaux en Espagne, comme il arrive toujours au début d'un premier amour, et même bien souvent d'un second.

A la pointe du jour seulement il s'endormit tout à fait, mais d'un sommeil agité, peuplé de songes où passait et repassait sans cesse le visage adorable de Marthe.

Si le fils de Raymond gardait dans sa mémoire, et surtout dans son cœur, le souvenir de l'entrevue à laquelle nous avons assisté, ce souvenir n'était ni moins présent, ni moins précieux, à l'esprit et au cœur de Marthe.

Elle aussi pensa tout le jour au jeune pêcheur inconnu. — Elle aussi, elle en rêva toute la nuit, et de même qu'il se disait : — *Je veux la revoir !* elle murmurait :

— Je serais bien malheureuse s'il fallait ne plus le revoir ! ! — Pourvu qu'il revienne !

A huit heures du matin Paul se leva, s'habilla et descendit.

Madeleine était déjà, malgré son âge, debout depuis longtemps, et elle avait préparé le premier déjeuner du jeune homme.

Paul mangea peu et, dès qu'il eut fini ce frugal repas, prit son chapeau.

— Vous sortez... déjà ? — s'écria la vieille servante un peu surprise.

— Comme tu vois, ma bonne Madeleine...

— Où pouvez-vous aller si matin ?

— Renouveler ma provision d'amorces...

— Vous comptez donc pêcher encore aujourd'hui ?

— Mais, certainement !... aujourd'hui, demain, et tous les jours...

— Alors, ça devient une passion, la pêche ?

— C'est au moins pour moi un plaisir très vif...

— Mon bon Dieu, qu'est-ce que nous allons faire de tout le poisson que vous prendrez ?...

— Je le mettrai dans le compartiment percé de trous du bateau... il s'y conservera vivant...

Puis le jeune homme, muni de son pot à vers rouges et de sa boîte de fer-blanc, traversa la rivière pour aller faire ses emplettes chez Tardif, le marchand d'outils et d'accessoires de pêche.

Ce n'était pas là, d'ailleurs, le seul motif de sa sortie matinale.

Il voulait tâcher de savoir quelle était la jeune femme avec qui, la veille, il avait causé. — La *Fée aux Saules*...

Près du bateau de blanchisseuses où il avait amarré son bateau, il rencontra le patron du restaurant de l'île qui lui demanda, en le saluant :

— Eh bien, monsieur, êtes-vous content?... Avez-vous fait une bonne pêche, hier ?

— Ma foi, je n'ai pas à me plaindre, et plus d'un pêcheur émérite aurait pu jalouser l'heureuse chance du pêcheur novice...

— Où vous étiez-vous placé?... Sur les trains de bois, sans doute ?

— Non, — en face.

— Ah ! ah !... le long des saules du *Petit-Castel*... entre les deux bras de Marne...

— C'est cela même... — J'avais attaché mon bateau à l'un des saules de la propriété que vous nommez le *Petit-Castel*... — A qui appartient-elle, cette propriété? — ajouta Paul, charmé du tour que prenait la conversation.

— Je ne saurais vous le dire...

— Comment, vous, fixé dans le pays!...

— Je sais bien à qui elle appartenait, mais elle a été vendue, et depuis peu de temps elle est habitée par l'acquéreur... Un étranger, à ce qu'on prétend... Voilà l'unique renseignement qu'il me soit possible de vous donner...

— Vous ignorez jusqu'au nom de cet étranger?
— Absolument.

Paul poursuivit son chemin en se disant que ce qu'il ne pouvait pas apprendre là, il l'apprendrait ailleurs.

En conséquence, au lieu d'aller chez Tardif il déposa dans une touffe d'herbes, au bord de l'eau, les récipients dont il s'était muni, et gagna la route de Gravelles qui devait le conduire en face de la propriété.

Il la reconnut facilement, mais la grille et la petite porte étaient closes et, à droite ou à gauche, aucune habitation dont il put questionner les habitants.

Il restait sur la route, immobile et fort déconfit, et au bout de quelques minutes il allait prendre le parti de se retirer lorsque la porte bâtarde s'ouvrit, et un homme vêtu en ouvrier sortit du parc.

Paul alla vivement à lui, et lui dit :

— Voulez-vous, monsieur, avoir la complaisance de m'apprendre à qui appartient la propriété dont vous sortez?

— Je vous l'apprendrais bien volontiers, monsieur, si je le savais... — répondit l'ouvrier en riant ; — mais je ne le sais pas...

— Vous y travaillez, cependant...

— Oui, depuis avant-hier...

— Et vous ignorez le nom de celui qui vous emploie?

— Celui qui m'emploie est un entrepreneur, M. Demichel... je ne connais que lui..

— Au moins, vous avez vu le propriétaire ?...

— Ni vu, ni connu... — Il n'y a là dedans, pour le quart d'heure, qu'une jeune personne, demoiselle ou dame... Mais, par exemple, je puis bien jurer que je n'en ai jamais rencontré et que je n'en rencontrerai jamais de pareille ! Oh ! quant à ça, une vraie tête de sainte Vierge ou d'ange, comme dans les tableaux en peinture...

— Est-ce la maîtresse de la maison ?

— Peut-être oui, peut-être non... peux pas vous dire...

Paul comprit que de ce côté non plus il n'y avait rien à apprendre, et remercia l'ouvrier qui s'éloigna.

— Allons, — pensa le jeune homme, — il faut compter sur le temps et sur le hasard pour me renseigner... — Questionner les gens plus longtemps ne me mènerait à rien et serait ridicule...

Rebroussant aussitôt chemin, il courut chercher ses boîtes à amorces dans la touffe d'herbes où il les avait déposées, alla chez Tardif se munir de vers rouges et d'asticots, et se dirigea vers la maisonnette où son déjeuner l'attendait.

Il lui tardait de retourner à sa place de pêche, non pour y capturer quelque brème géante ou quelque brochet monstre, mais dans l'espoir d'y revoir l'enchanteresse qui lui était apparue la veille.

Aussi mit-il les morceaux doubles, et aussitôt après avoir terminé il se rendit à son poste, sous les saules, amorçant sa ligne et la jetant à l'eau, mais sans presque regarder si le poisson mordait.

La pêche ce jour-là, pour lui, n'était qu'un simple prétexte lui permettant de rester en sentinelle le long des berges du petit parc.

*
* *

Jacques Lagarde avait dit à Pascal qu'il fallait redoubler d'activité pour que l'installation dans l'hôtel de la rue Miromesnil pût avoir lieu avant la fin des huit jours demandés par les décorateurs et les tapissiers au secrétaire du docteur Thompson.

Pascal s'était empressé de prendre des mesures

radicales dont la principale consistait à répandre l'argent sans compter.

Il espérait gagner deux jours.

En effet, peu de choses restaient à faire.

Le nombre des ouvriers avait été doublé, et le travail marchait avec une rapidité presque invraisemblable.

Le libraire-bouquiniste Antoine Fauvel s'était montré d'une scrupuleuse exactitude.

Le lendemain de la visite du docteur Thompson à la rue Guénégaud, il apportait la collection de livres de science destinés à garnir les rayons des corps de bibliothèque de l'hôtel.

Jacques le reçut d'une façon particulièrement aimable, lui paya la somme convenue, et lui demanda si bientôt il serait en possession des volumes rares et précieux dont il avait parlé.

Fauvel promit de l'avertir aussitôt que ces volumes se trouveraient entre ses mains.

Le docteur Thompson parut se contenter de cette promesse.

Il lui fallait le *Testament rouge* à tout prix, mais il comptait bien l'avoir à bon compte, c'est-à-dire sans bourse délier, et il laissait aller les choses, se gardant de rien brusquer.

Jacques avait surveillé les derniers travaux de la rue Miromesnil.

Il lui fallait maintenant songer à ceux du *Petit-Castel.*

Là était pour lui le point capital.

Aussi, dès le lendemain il partit pour Saint-Maur afin de voir Marthe et de s'assurer par ses propres yeux que les ouvriers de l'entrepreneur Demichel ne perdaient pas leur temps.

Lorsqu'il y arriva il eut le plaisir de constater que tout marchait aussi vite que possible, plus vite même qu'il n'aurait osé le prévoir et l'espérer, et l'entrepreneur lui-même, qui se trouvait là, lui promit que sous trois jours tout serait terminé si le tapissier de Paris, auquel il avait écrit d'envoyer un ouvrier pour capitonner les portes, ne se mettait pas en retard.

V

Marthe était enchantée de la visite du docteur Thompson pour lequel elle éprouvait, nous le savons, autant de sympathie que de reconnaissance ; — avec une expansion candide elle lui témoignait le plaisir qu'elle avait à le voir.

— Moi aussi, je suis heureux, bien heureux de me trouver auprès de vous, chère enfant, — répliqua le médecin. — J'ai pour vous l'affection la plus tendre... la plus paternelle... et vous savez pourquoi... — ajouta-t-il en étouffant un soupir de commande.

Puis il demanda :

— Comment avez-vous passé ces deux jours ?
— Mais très bien...
— Point d'ennui ?...
— Pas un seul instant d'ennui, quoique madame

Angèle, si bonne pour moi, me manque beaucoup, j'en conviens...

— Qu'avez-vous fait de votre temps ?

— Je me suis promenée, j'ai regardé travailler les ouvriers et je suis allée lire dans le parc...

— Vous avec donc des livres ?

— J'en ai trouvé quelques-uns dans la petite bibliothèque de la villa.

La fille de Périne se garda bien de parler de l'incident un peu romanesque de la veille, de son livre tombé dans le bateau du jeune pêcheur, ni de l'entrevue qui avait été le résultat de cet incident.

— Votre isolement ne sera plus désormais de longue durée, ma chère enfant, — reprit Jacques, — l'ennui n'aura pas le temps de se glisser dans votre existence trop monotone... — d'ici à deux jours vous viendrez habiter Paris avec nous.

Marthe, en apprenant cette nouvelle, sentit son cœur se serrer.

— Déjà !... — s'écria-t-elle naïvement.

— En êtes-vous donc fâchée ? — demanda Jacques très surpris de cette exclamation.

La jeune fille avait eu le temps de se remettre.

— Vous ne pouvez croire que j'en sois fâchée... — répliqua-t-elle. — Seulement, d'après ce que vous m'aviez dit, je ne m'attendais pas à une installation si prompte... Je pensais qu'il y avait beaucoup à faire à Paris.

— Vous ne vous trompiez pas, mais tout a marché vite, grâce aux soins et à la surveillance incessante de Pascal Rambert, mon secrétaire. — Votre chambre est prête, et si l'hôtel n'était pas encombré d'ouvriers de toute sorte qui en rendent le séjour fort désagréable, je vous aurais ramenée aujourd'hui même avec moi...

L'orpheline devint un peu pâle.

— Partir si vite ! — se disait-elle. — Alors je ne le verrai plus...

— Mais il ne vous faudra maintenant qu'un peu de patience, — poursuivit Jacques ; — après-demain, selon toute apparence, vous rejoindrez ma cousine Angèle...

— Je serai ravie de l'embrasser... — Mais laissez-moi m'occuper de vous, monsieur le docteur. — Avez-vous déjeuné ?

— Non, et j'ai compté que nous déjeunerions ensemble...

— Alors, je vais envoyer Mariette courir aux provisions...

— Inutile...

— Comment ?... — Il n'y a presque rien ici...

— Peu importe... — j'ai décidé que nous irions tous deux prendre notre repas dans un restaurant des environs… — Ce sera pour vous une distraction…

— Vous êtes trop bon pour moi, monsieur le docteur…

— On ne saurait l'être trop… — Vous êtes digne de la plus grande affection, chère enfant… ma chère fille…

En prononçant ces derniers mots, Jacques Lagarde avait pris les mains de l'orpheline.

Il l'attira doucement à lui et posa ses lèvres sur son front.

C'était la première fois que le médecin se permettait une caresse.

Marthe se sentit heureuse de cette nouvelle marque d'attachement.

Le docteur venait de l'appeler *sa fille*.

Dans le baiser qu'elle recevait elle voyait le baiser d'un père retrouvant en elle la vivante image de l'enfant adorée qu'il avait perdue.

Telle était l'impression de Marthe.

Celle de Jacques fut toute différente au moment où ses lèvres touchaient le front de la jeune fille.

Le contact de cette chair virginale le fit tressaillir.
— Il lui sembla que son sang devenait plus chaud, que son cœur battait plus vite et qu'une sorte d'ivresse montait à son cerveau.

Ce vertige n'eut d'ailleurs que la durée d'un éclair.

Jacques repoussa doucement Marthe et la regarda avec une sorte de terreur.

— Je vais m'apprêter... — dit l'orpheline.

— C'est cela, chère enfant... — Je vous attendrai ici.

— Et ne vous impatientez pas... — Je ne vous ferai pas attendre...

L'orpheline sortit.

Tandis qu'elle se dirigeait vers la porte, Jacques la suivit des yeux.

Quand elle eut refermé derrière elle, il murmura presque inconsciemment ces mots, qui renfermaient tout un monde de pensées :

— Elle est belle à faire peur !!...

En ce moment un bruit de cloche résonna vigoureusement dans la cour.

On sonnait à la grille.

Un ouvrier, quittant le mortier qu'il était en train de gâcher, alla ouvrir.

Sur le seuil se tenait un jeune homme paraissant avoir dix-huit ou dix-neuf ans. — Ce jeune homme, coiffé d'un feutre mou, tenait à la main un petit paquet.

— Bonjour... — dit l'arrivant à l'ouvrier qui venait de lui ouvrir. — C'est bien ici la maison que l'on nomme le *Petit-Castel ?*

— C'est bien ici...

— Eh ! bien, alors, je suis à destination, ce qui fait mon affaire...

Et le jeune homme entra dans la cour.

Jacques Lagarde, d'une fenêtre du rez-de-chaussée avait vu ce qui se passait et entendu ce court dialogue.

Il sortit.

— Vous demandez quelque chose, mon ami ?... — dit-il au nouveau venu.

— Oui, monsieur... je demande le *Petit-Castel*, et paraîtrait que j'y suis arrivé ?

— En effet... — Qu'y venez-vous faire ?

— Je viens de la part de M. Barbiu, tapissier, mon patron, pour exécuter ici un travail de mon état.

— Ah ! oui... des portes à capitonner...

— C'est bien ça.

— Malheureusement l'entrepreneur n'est point là pour vous donner les explications nécessaires... il ne sera de retour que dans une heure.

— En ce cas, je vais poser mes outils n'importe où... j'irai déjeuner et je reviendrai...

— Ne vous mettez pas en retard, il s'agit d'une besogne pressée.

— Soyez paisible... — Le temps de manger un morceau, arrosé d'un verre de picolo, et je rapplique...

Le jeune homme posa son petit paquet sur l'appui d'une fenêtre, salua et se retira.

Marthe reparut, prête à sortir, — son chapeau sur sa tête, ses gants aux mains.

Jacques Lagarde lui offrit son bras et tous deux prirent le chemin du restaurant de l'île où nous avons déjà conduit le lecteur.

Quand ils y arrivèrent, la petite table de l'une des tonnelles se trouvait occupée par un jeune homme et une jeune fille.

Le jeune homme n'était autre que l'ouvrier tapissier qui venait de se présenter au *Petit-Castel*.

En reconnaissant le monsieur à qui il avait parlé et pour le compte de qui, sans doute, il allait travailler, il le salua et lui dit :

— Vous venez faire comme nous, monsieur ?

— Oui... — répondit Jacques. — Vous voyez...

Et il alla se placer avec Marthe dans un bosquet voisin.

— Virginie, tu as commandé ?... — fit le jeune tapissier en s'adressant à sa compagne.

— Oui, et n'aie pas peur... j'ai commandé quéq' chose de bien... un petit repas vraiment chic... — y aura de la friture...

— Bravo !... — D'abord, moi, je l'idole, la friture !...

— Ah ! comme c'est joli, ici, crois-tu ? — reprit Virginie — Je voudrais que tu aies de l'ouvrage de ces côtés-ci pour plusieurs jours... — j'apporterais mes confections et, en t'attendant, je tirerais l'aiguille sous les grands arbres...

— Oui, ma Ni-nie, mais par malechance je n'ai qu'un travail d'une journée... Une journée et demie au plus... — Seulement, si t'es bien sage, demain nous viendrons de bonne heure, nous déjeunerons encore ici, et quand j'aurai fini de bûcher, nous irons faire une partie en bateau sur la rivière...

— C'est cela... adopté!... La promenade en bateau, c'est mon rêve!...

— Dis donc, Ni-nie?...

— Quoi, Médée?

— Si nous prenions un apéritif avant de déjeuner?... — Que penserais-tu d'une petite verte?

— Oh! Médée, tu sais, pas de bêtises! — répliqua vivement la jeune fille... — En mangeant, tout ce que tu voudras... Mais pas d'absinthe, pas de liqueurs... — Toi qu'es si gentil à jeun, quand tu bois des alcools tu deviens mauvais comme un âne rouge...

— Suffit! suffit, Ni-nie! — En v'la assez! — N'en parlons plus...

Un garçon et une servante venaient apporter le déjeuner commandé par mademoiselle Virginie et, en même temps, prendre les ordres de Jacques Lagarde.

Amédée et sa compagne commencèrent leur repas.

En ce moment un vieux bateau disloqué aborda l'île, et de ce bateau descendit un jeune homme tenant sur l'épaule un filet de pêche dans lequel frétillaient des myriades de gardons et de goujons.

C'était La Fouine, de son nom de famille Jules Boulenois.

Jacques Lagarde le reconnut du premier coup d'œil et lui dit, lorsqu'il passa près du bosquet où il se trouvait avec Marthe :

— Eh bien, philosophe, toujours à la pêche à ce qu'il paraît?

— Toujours, m'sieu, — répondit La Fouine.

Puis il ajouta, en montrant son filet plein :

— Et ça a mordu, ce matin, un peu gentiment ! — Chançard comme un vrai Bidard !

En entendant la voix du pêcheur, Amédée, l'ouvrier tapissier, s'était retourné vivement pour regarder celui qui parlait.

— Boulenois !... — s'écria-t-il. — Ah ! par exemple, elle est forte, celle-là !

La Fouine, à son tour, jeta les yeux sur le bosquet où on venait de prononcer son nom, poussa une exclamation joyeuse, courut au tapissier et lui serra la main.

— Amédée ! — fit-il ensuite, — Amédée Duvernay ! — Si je m'attendais !... Ah ! par exemple, elle est bien bonne !...

Jacques Lagarde eut peine à réprimer un mouvement de surprise.

Ce nom d'Amédée Duvernay venait de lui apprendre qu'il se trouvait de nouveau en présence de l'un des jeunes gens nés le 10 mars 1860 dans le sixième arrondissement de Paris, et inscrits sur le testament du comte de Thonnerieux.

— Parole d'honneur, mon vieux camarade, je suis bigrement content de te voir! — poursuivit Jules Boulenois en serrant de plus en plus fort la main d'Amédée. — Il y a six mois, au moins, qu'on ne s'est rencontré et qu'on n'a trinqué ensemble!... Comme ça, te voilà en ballade par ici...

— Je viens pour un travail... — répliqua le tapissier — C'est mon patron qui m'envoie, et avant de m'y mettre, je casse une croûte... — tu prendras bien un verre avec nous...

— Un et même deux, mon vieux!... — Est-ce que vous avez commandé de la friture au mastroquet?...

— Mais, bien sûr!... — répondit mademoiselle Virginie.

— Elle n'est peut-être pas encore dans la poêle... — reprit La Fouine, — c'est moi qui vais vous l'offrir... vous serez sûrs de la manger fraîche et, si ça vous est égal, je déjeunerai avec vous...

— Ça nous fera plaisir... — dit Amédée, en se reculant pour faire place à côté de lui à Jules Boulenois.

Le propriétaire du restaurant de l'île arrivait en ce moment près d'eux, passant son inspection de maître de maison.

La Fouine l'appela :

— Eh! dites donc, patron, — fit-il en lui montrant son poisson — neuf livres à soixante-quinze, total : six francs quinze sous... — Prenez le paquet et faites-nous confectionner une friture épatante !... — C'est moi qui la paye... — Et qu'on mette un couvert de plus, avec du vin bouché, s. v. p.

— On va vous soigner ça, mossieu La Fouine...

Le restaurateur prit le filet et s'en alla en riant, tandis qu'un garçon s'empressait d'ajouter un couvert...

— Comme ça, mon vieux, — reprit Jules Boulenois, — tu viens par ici pour faire ton métier... — As-tu du travail pour longtemps ?

— Pour aujourd'hui et demain, pas plus...

— Et tu retourneras ce soir coucher à Paris ?...

— Bien entendu, à moins que tu n'aies un petit pied-à-terre à m'offrir...

— Oh! moi, tu connais mon système... — payer un loyer, c'est du luxe... — On y va de sa monnaie et qu'est-ce qu'on a sur sa tête ? un plafond blanchi à la chaux... — J'aime mieux le plafond de la nature avec son illumination d'étoiles... — La nuit je pêche, et le jour je pique un sommeil sur la belle herbe fraîche qui sent bon...

— Toujours le même! — Ah ça, mais, quand donc seras-tu raisonnable?

— Raisonnable!... — Je le suis plus que quiconque, puisque je fais des économies de logement!

— A ta santé, mon vieux!... à la vôtre mam'selle!...

Les trois verres se choquèrent.

La Fouine reprit :

— Et où vas-tu travailler?

— A deux pas d'ici, dans une maison qu'on appelle le *Petit-Castel*....

— Connu. — Une propriété très chic! Je vois ça en pêchant, moi... — C'était à vendre... On a donc acheté?...

— Paraîtrait, — répondit Amédée, — et je crois bien que c'est le nouveau propriétaire qui déjeune en compagnie d'une dame dans le bosquet voisin...

VI

Jules Boulenois se pencha, de manière à jeter un coup d'œil sur le berceau désigné par Amédée.

— Ce particulier-là... — dit-il ensuite, — je le connais... je l'ai déjà rencontré une fois... nous avons jaboté ensemble... — Point piquée des hannetons, la jeune dame! — J'en ai pas souvent vu de pareille!... — Sans vous offenser, mam'selle, et sans comparaison! — ajouta-t-il en saluant Virginie.

— Ça doit être sa fille... — répliqua celle ci en regardant Marthe. — Ah! elle est rudement belle!...

— Je te crois qu'elle l'est! — appuya Médée avec conviction.

— On ne te demande pas ton avis, à toi! — fit mademoiselle Virginie avec une moue significative. — Mange et bois... ça vaudra mieux que de te donner le torticolis à essayer de voir derrière ton dos les beaux yeux de cette demoiselle.

— Oh! la! la!... plus que ça de jalousie à la clef! — dit l'ouvrier tapissier en riant. — Pire qu'une tigresse, alors!! — Ni-nie, ne te mets pas la cervelle à l'envers pour des bêtises!... Tu sais bien que je t'idole!...

L'entretien fut interrompu par l'arrivée d'un jeune homme qui venait d'entrer dans l'île, et qui s'approchant des causeurs leur demandait:

— Voudriez-vous me dire, messieurs, où je pourrais trouver un bateau pour traverser la Marne?...

Jacques Lagarde avait les yeux fixés sur le nouveau venu.

En le voyant s'approcher de la table de la Fouine et d'Amédée Duvernay, il prêta l'oreille.

— Mais si je ne me trompe, — s'écria l'ouvrier tapissier, — c'est monsieur Fabien de Chatelux qui nous fait l'honneur de nous parler...

— En effet... — répondit le jeune homme, — et maintenant, messieurs, je vous reconnais très bien tous les deux: — vous êtes Amédée Duvernay et Jules Boulenois, nés le même jour que moi, et protégés, comme moi, du comte de Thonnerieux...

— Fabien de Chatelux! — murmura Jacques Lagarde dont le visage exprimait un étonnement grandissant. — Quel singulier hasard réunit ainsi près de moi trois héritiers du comte!

Le pseudo-Thompson ne se doutait guère qu'une quatrième héritière, Marthe Grandchamp, se trouvait plus près encore.

L'orpheline avait tressailli en entendant le nom du comte de Thonnerieux.

Ce nom lui rappelait la médaille d'or engagée au Mont-de-Piété de Joigny, et ces espérances de fortune dont sa pauvre mère parlait si souvent.

Elle regarda les trois jeunes gens à la dérobée, avec un grand trouble.

Jacques Lagarde, dont l'attention était ailleurs, ne vit pas ce regard et ne remarqua point ce trouble.

— Et vous vous promenez par ici, monsieur Fabien? — demanda la Fouine au vicomte de Chatelux.

— Je viens visiter un de mes amis que vous devez connaître, car il se trouve dans les mêmes conditions que nous...

— Qui ça? — fit Amédée...

— Paul Fromental...

— M. Paul Fromental... — dit Jules Boulenois. — Parbleu, oui, je le connais. — Je l'ai vu tout à l'heure... il était dans son bateau, amarré sous les saules du *Petit-Castel*, au coin de l'île, en train de taquiner l'ablette. Je lui ai donné, en passant, une leçon de *ferrage*.

Marthe ne perdait pas une seule de ces paroles.

Les mots prononcés par Boulenois : — *Amarré sous les saules du Petit-Castel*, — lui causèrent une impression profonde.

Elle pensa au jeune pêcheur dont la rencontre avait peuplé de rêves étranges son sommeil de la nuit précédente, et fait battre son cœur comme il n'avait jamais battu.

— Alors, — reprit Fabien, — je pourrai sûrement le trouver en allant en barque au coin de l'île ?

— Oh ! sûrement... — répondit Jules Boulenois.

— Et qui m'y conduira ?

— Moi, si vous voulez, m'sieu Fabien, et ce sera avec bien du plaisir... — Mais rien ne vous presse... Nous ferez-vous l'honneur de trinquer avec nous ?

— C'est que je ne voudrais pas m'attarder, — dit le jeune comte que cette proposition laissait hésitant.

— Faites ça pour nous, monsieur Fabien, — appuya l'ouvrier tapissier. — Nous sommes nés tous les trois le même jour, que diable ! ça rapproche les distances ! — Si vous ne voulez pas boire du vin, acceptez un verre de bière...

M. de Chatelux n'osa refuser.

— Allons, soit... — murmura-t-il avec résignation en s'asseyant à côté de mademoiselle Virginie, tanque Jules Boulenois courait au restaurant chercher une canette et un verre. — Eh bien, Amédée, — poursuivit-il, — que faites-vous ?

— Je travaille de mon état de tapissier, monsieur Fabien.

— Chez votre père ?

— Non... Le père avait le caractère un peu fantasque, et la main beaucoup trop leste... — Je me suis mis chez moi... dans mes meubles, avec Virginie, ma prétendue... — Salue M. Fabien, Virginie...

La jeune fille, devenue rouge comme une pivoine quoiqu'elle possédât une jolie dose d'aplomb, salua timidement.

— Oh ! elle est honnête fille, allez ! — poursuivit Amédée. — Nous avions un fort béguin l'un pour l'autre, et nous voulions nous marier tout de suite... — Le père a refusé son consentement sous prétexte que j'étais trop jeune... — Brave homme, le père, je vous dis, mais fantasque... Alors, comme nous n'avions ni l'un ni l'autre la patience d'attendre, nous avons pris un acompte sur l'avenir... — Ninie travaille d'arrache-pied, moi je ne flâne pas... — Nous nous accordons le mieux du monde et, dès que je serai majeur, en avant la publication des bancs à la mairie... — Pas vrai, Ninie ?

— Oui, Médée...

La Fouine reparut, chargé d'une bouteille et d'un verre.

— Voici la canette... — dit-il, — je vas vous verser ça, sans faux-col...

4.

Et il remplit de bière la chope qu'il présenta à Fabien.

Les verres se choquèrent.

— Enfin, vous êtes heureux? — reprit Fabien en s'adressant à Virginie et à Amédée.

Ce fut ce dernier qui répondit :

— Si nous sommes heureux? — je vous crois que nous le sommes! — Nous avons toujours une pièce de cent sous ou deux devant nous... — l'ouvrage ne chôme pas... on ne doit rien à personne, et on attend patiemment les petites rentes qui doivent nous arriver un jour...

— Ah! les rentes! — dit La Fouine, — les bonnes petites rentes! — Avoir à moi un canot tout neuf... une maisonnette sur le bord de l'eau... jeter l'épervier... tendre des nasses et des verveux... — le voilà, mon rêve! le voilà! — Encore deux ans à attendre et nous pourrons avoir pignon sur rue et une jolie fiole de Chablis première, tous les matins à déjeuner!... Ah! le Chablis première! quel aimable piqueton...

— Quand Médée aura hérité, — fit mademoiselle Virginie avec élan, — nous nous marierons, car ses rentes ne l'empêcheront pas de m'épouser, au contraire! il me l'a juré!... alors, nous achèterons des canards, des oies, des dindons, des poules et des lapins...

— Voilà comme ça se jouera, — reprit Jules Boulenois. — Le jour où j'aurai tout au juste vingt et un ans, je filerai rue de Vaugirard, j'irai droit à l'hôtel du comte de Thonnerieux, je présenterai à ce vieux brave homme ma médaille... Elle ne me quitte jamais, ni le jour, ni la nuit ! Elle est là !...
— Boulenois frappait sur sa poitrine, — et je lui dirai : — M'sieu le comte, voici mon passeport et ma feuille d'identité bien en ordre... si c'était un effet de votre grande bonté de m'abouler pas mal de *fafiots garatés* et autres monacos, ça me ferait plaisir...

— Amédée fera la même chose exactement ! — dit avec volubilité mademoiselle Virginie. — Quand il aura vingt et un an je lui remettrai sa médaille que je porte toujours sur moi, crainte qu'il ne la perde, il ira trouver son vieux protecteur, et il encaissera notre dot... je dis *notre* parce qu'elle servira pour nous marier...

— Tiens ! tiens ! mam'selle, c'est vous qui portez l'amulette ! — s'écria La Fouine en voyant la jeune fille tirer de son corsage, où il reposait entre des rondeurs fort appétissantes, le disque d'or enfermé dans un sachet et soutenu par une mince chaînette d'argent.

— Oui, ma vieille, — répondit Amédée, — j'ai la tête près du bonnet... je me cogne assez souvent...

je me fais même quelquefois mettre au violon pour cause de batteries... — Virginie s'est dit qu'on pourrait facilement, dans une bagarre, me chiper l'objet, elle se l'est passé au cou en guise de collier, et je te garantis que celui qui viendrait pour y toucher serait bien reçu !...

— Je ne vous dis que ça ! — appuya Virginie. — On ne met pas les mains là !

Toutes les phrases qui précèdent s'étaient enchaînées si rapidement que Fabien de Chatelux n'avait pu placer un seul mot.

Un instant de silence ayant succédé aux dernières paroles de Virginie, il trouva moyen de parler.

— Plus je vous écoute, — fit-il, — et plus mon étonnement grandit... Ah ! ça ! vous ne savez donc pas ce qui s'est passé depuis moins d'un mois ??

Jacques et Marthe, sous le berceau voisin, prêtaient l'oreille avec un redoublement d'attention, — avons-nous besoin de l'affirmer ?

— Quoi donc ? — demandèrent à la fois les deux hommes et Virginie, non sans inquiétude, — qu'est-ce qui s'est passé ?...

— D'abord, le comte de Thonnerieux est mort...

— Mort !! — répétèrent les trois auditeurs stupéfiés.

— Oui, et ensuite son vieux valet de chambre, Jérôme Villard, a été arrêté...

— Arrêté ! — s'écria Jules Boulenois. — Pourquoi ça ? — Est-ce qu'on le soupçonne d'avoir assassiné son maître ?...

— Non, mais on l'accuse d'avoir dérobé une partie de la fortune du comte et d'avoir fait disparaître le testament...

— Comment ? — fit Amédée devenu très pâle. — Nous aurions conservé nos médailles pour le roi de Prusse ! — On a subtilisé le testament du comte de Thonnerieux !...

— Nous sommes volés, alors !... volés comme dans un bois ! — ajouta Virginie.

— Mais on peut réclamer... — dit La Fouine.

— Hélas ! — répliqua Fabien, — à moins que Villard n'avoue son crime et ne restitue le testament, s'il ne l'a point détruit, tout espoir semble bien compromis à cette heure...

Amédée, Jules Boulenois et mademoiselle Virginie se regardèrent en silence.

Ils avaient la mine piteuse d'héritiers à qui l'on vient d'annoncer que le défunt ne leur laisse pas un sou.

Marthe pensait :

— Pauvre mère... si elle vivait encore, quelle déception elle éprouverait !... Elle avait tant compté sur cette fortune qui disparaît.

— Gredin de Jérôme Villard ! — s'écria tout à coup

Boulenois en frappant du poing sur la table, — moi qui rêvais un si joli bateau !

— Si la médaille ne signifie plus rien, inutile de la conserver, — fit Virginie. — Amédée, tu la vendras pour m'acheter une armoire à glace...

— Jamais de la vie, ma fille ! — On ne sait pas ce qui peut arriver... — On retrouvera peut-être le testament... — Si ça arrivait et que nous n'ayons plus la médaille, vois-tu d'ici le nez que nous ferions ? Non, mais le vois-tu, ce nez ? — Ça n'est point gênant à ton cou... Garde-là donc avec un soin minutieux ! — Moi, je mourrais de faim à coté ! — Est-ce que je n'ai pas raison, monsieur Fabien ?...

— Vous avez parfaitement raison... — répliqua le jeune homme. — On regrette souvent d'avoir manqué de prudence, jamais d'en avoir eu trop.

— Nom d'un barbillon !... — grommela La Fouine, en roulant une cigarette, — tout de même c'est n'avoir pas de chance !

— Si nous sommes ruinés avant d'avoir été riches, ça n'est pas le cas d'oublier le travail, — dit Virginie à Amédée. — Va-t'en donc où tu as à faire... — moi je vais payer ici, et je t'attendrai en brodant un col... j'ai apporté tout ce qu'il me faut...

La Fouine intervint.

— Vous savez que je paye moitié. — fit-il.

— Vous vous souvenez, j'espère, que vous avez

promis de me conduire près de mon ami Paul Fromental?... — demanda Fabien.

— Ça sera l'affaire de trois secondes... — justement voilà le patron... — On va régler *la douloureuse* et nous filerons...

Les comptes furent bientôt terminés et Amédée partit pour le *Petit-Castel*, tandis que La Fouine faisait monter en bateau Fabien de Chatelux et le menait rejoindre Paul dont les yeux ne cessaient d'interroger la berge où il comptait voir apparaître l'enchanteresse de la veille.

Certes, l'arrivée de Fabien lui causa une joie très grande, mais à cette joie se mêlait une contrariété tout aussi grande.

Il n'était plus seul.

Il allait falloir s'occuper de son ami, par conséquent renoncer pour ce jour-là à toute espérance d'entrevue avec la *Fée aux saules*...

Paul aimait tendrement Fabien, nous le savons, mais l'amitié devient un sentiment bien pâle quand elle se trouve en parallèle avec l'amour naissant.

Bref, tout heureux qu'il fût de serrer la main du jeune comte, le fils de Raymond aurait préféré de beaucoup la lui serrer dans un autre moment.

Sous la tonnelle du restaurant de l'île, Marthe était devenue tellement rêveuse qu'il fallait que

Jacques Lagarde fût singulièrement préoccupé lui-même pour ne pas s'en apercevoir.

Elle aussi trouvait étrange ce hasard qui la mettait en présence de trois des enfants nés le même jour qu'elle, et comme elle inscrits sur ce testament qui venait de disparaître, emportant avec lui les espérances de fortune des futurs héritiers.

Mais ce n'était point de là que venait sa préoccupation la plus vive.

Elle pensait au jeune homme qu'elle avait entendu nommer Paul Fromental, et elle aurait voulu savoir si ce jeune homme n'était pas celui de la veille.

Pour s'en assurer il lui aurait suffi de quitter l'île, de hâter le pas, de regagner le parc du *Petit-Castel*, de se diriger vers le groupe des grands marronniers sous lesquels elle s'était assise le jour précèdent, et de voir de là qui Fabien de Chatelux et le pêcheur La Fouine allaient rejoindre.

Malheureusement c'était impossible.

Le docteur Thompson se trouvait près d'elle, et elle ne pouvait lui demander de hâter sa rentrée.

VII

Jacques Lagarde se disait tout bas :

— Pauvres héritiers déçus, ce qui peut vous arriver de plus heureux c'est que le TESTAMENT ROUGE tombe entre mes mains ; car alors je toucherai tranquillement vos parts d'héritage en vous laissant en paix... Mais, si le TESTAMENT ROUGE m'échappe, il me faudra vos médailles, et alors, tant pis pour vous !!

Un quart d'heure plus tard, les désirs de Marthe se trouvaient exaucés.

Le pseudo-Thompson paya l'addition du déjeuner et reprit avec la jeune fille le chemin du *Petit-Castel*, où l'entrepreneur des travaux venait d'arriver et donnait ses instructions à Amédée Duvernay, l'ouvrier tapissier.

Une fois la grille franchie, Marthe avait quitté le docteur.

D'un pas rapide elle traversa le parc en miniature, suivant les allées verdoyantes qui circulaient au milieu des massifs, et gagna la berge donnant sur le grand bras de la Marne, espérant y trouver la solution de l'énigme qui la préoccupait.

Espérance vaine !

Aucun bateau n'était amarré sous les saules, le long de cette berge, et l'embarcation de Jules Boulenois, dit la Fouine, ne se trouvait point en vue.

L'orpheline éprouva une déception violente et revint tristement à la villa,

Le soir, Jacques retournait à Paris, emportant la certitude que dans deux jours tout serait terminé au *Petit-Castel*.

Deux jours plus tard, également, l'installation serait complète à l'hôtel de la rue de Miromesnil, et rien ne s'opposerait au retour de Marthe.

Fabien de Chatelux était venu avec l'intention de passer quelques jours auprès de Paul, ce dont Madeleine était enchantée mais ce dont Paul ne s'accommodait guère.

L'amour est, de son essence, prodigieusement égoïste. — Il amoindrit autour de lui les autres sentiments, quand il ne les supprime pas de façon complète.

Or l'amour avait fait son entrée triomphale dans le cœur du fils de Raymond et le jeune homme pensait, non sans raison, que la présence de son ami entraverait de la façon la plus gênante ses allées et venues et l'empêcherait de chercher à revoir la *Fée aux Saules*, puisqu'il ne voulait pas livrer son secret à Fabien.

Le mal étant sans remède, il fallait en prendre son parti et ne rien laisser voir de sa contrariété.

Une partie de pêche avait été projetée pour le lendemain.

Jules Boulenois devait en avoir la direction.

Il promettait aux deux jeunes gens, non pas une friture, mais une matelote de la plus haute *respectabilité*.

Tandis que ces petits incidents se succédaient à Port-Créteil, Raymond Fromental, avec l'aide des collaborateurs choisis par lui, continuait à rechercher les auteurs des vols commis dans les bibliothèques, mais ses recherches n'aboutissaient point.

On ne relevait aucun indice ; — on ne découvrait aucune trace.

Et Dieu sait, cependant, si Raymond se donnait du mal !...

Il lui était permis d'espérer, — nous le savons, — qu'après un succès obtenu dans cette ténébreuse affaire, la requête qu'il se proposait d'adresser au ministre de la justice serait chaudement apostillée et aurait chance d'être accueillie.

Éperonné par cette espérance, le pauvre homme se multipliait et ne s'accordait as une minute de repos.

Tous les bibliophiles, les libraires, les marchands de livres d'occasion, les bouquinistes, recevaient successivement sa visite.

Mais il avait beau questionner adroitement, tendre des pièges inédits, il n'était pas plus avancé que le premier jour.

Hâtons-nous d'ajouter que ces déceptions successives ne le décourageaient pas.

Un matin, devenu complètement méconnaissable sous un déguisement de riche Anglais, il se rendit chez un marchand, dont on venait de lui donner l'adresse, qui s'était fait une spécialité de la recherche et du commerce des livres rares.

Ce marchand, que l'on nommait Duchemin, demeurait rue Dauphine et occupait tout le premier étage d'une vaste maison.

Arrivé à cet étage, en face d'une porte sur laquelle se lisait le nom du commerçant, Raymond sonna, et au commis qui vint lui ouvrir demanda avec un accent britannique que nous nous abstiendrons de reproduire par l'orthographe :

— Monsieur Duchemin, if you please ?

— C'est ici.

— Est-il chez lui ?

— Oui, monsieur. — Veuillez me suivre.

Et le commis conduisit le visiteur au cabinet du bibliophile.

Ce dernier vit, ou du moins crut voir du premier coup d'œil qu'il allait avoir affaire à un étranger, et flairant quelque aubaine, car les étrangers riches achètent beaucoup et payent fort cher, prit une physionomie de circonstance pour s'informer des motifs de la visite de ce client encore inconnu.

— Monsieur, — répondit Raymond, — votre réputation est venue jusqu'à moi dans mon pays qui est l'Angleterre... — Comme vous je suis passionné pour les livres rares, les éditions princeps, les incunables, et je leur consacre mon existence..

— Ah! monsieur est bibliophile! — dit le libraire en saluant...

— Oui, monsieur... — Bibliophile passionné et, si ma modestie me le permettait, j'ajouterais : bibliophile éclairé... — Je réunis des trésors, non pour les garder, ma fortune, quoiqu'assez ronde, ne me permettant pas un pareil entassement de richesses improductives, mais pour les céder à des amateurs millionnaires qui en font les joyaux de leurs collections.

— M'est-il permis de vous demander, monsieur, de quel genre de livres rares vous vous occupez plus spécialement?... — fit Duchemin.

— De tous les genres, monsieur, sans exception... — répondit Raymond. — Je ne demande aux livres, pour leur accorder chez moi droit de cité, que de réunir le double mérite d'une indiscutable rareté et d'une considérable valeur pécuniaire... — Mes relations dans la haute aristocratie de naissance et de fortune me rendent faciles des placements de livres aux prix les plus élevés...

— Peste, monsieur, — s'écria Duchemin... — je vous en fais mes compliments sincères !

Le faux Anglais salua et poursuivit :

— Je suis en ce moment à Paris dans l'espoir de m'y procurer plusieurs volumes dont un de mes compatriotes, propriétaire à lui seul de tout un quartier de Londres, donnerait une somme fabuleuse, car il s'est mis en tête de les avoir dans sa bibliothèque et, vous devez le comprendre, il ne regarde à rien quand il s'agit de satisfaire un de ses caprices... — On m'a parlé de vos richesses bibliographiques, et je viens vous demander si vous ne possédez pas les volumes que je cherche... — Vous le voyez, je joue cartes sur table, car ce que je viens de dire vous indique surabondamment quel haut prix je compte mettre à ces volumes.

— Si je les possède, monsieur, nous ferons affaire ensemble, soyez-en convaincu, et je désire vivement les posséder... — Quels sont-ils ?

— J'ai dressé une petite note...

— Veuillez la mettre sous mes yeux...

Raymond tira de son agenda une feuille de papier sur laquelle, au milieu d'un certain nombre de titres de livres rarissimes, se trouvaient ceux des ouvrages volés dans les différentes bibliothèques de Paris.

Il tendit cette note à Duchemin.

Celui-ci la prit et la parcourut des yeux.

Le faux Anglais avait ses regards rivés sur lui.

— S'il est l'un des voleurs ou des recéleurs, — se disait-il, — je crois impossible qu'une nuance d'émotion n'apparaisse point sur son visage au moment où il lira les titres des livres volés... — or, cette émotion le trahira...

Vainement il épia.

Le visage du libraire ne trahit absolument rien.

— Vous me voyez aux regrets, monsieur, — fit Duchemin après avoir lu, — je ne possède aucun des ouvrages indiqués sur cette liste... Quelques-uns pourront se trouver peut-être, — (je ne l'affirme pas) — mais il en est un qu'à coup sûr vous ne trouverez point, quel que soit d'ailleurs le prix que vous y vouliez mettre !

— Pourquoi donc ?

— Parce qu'il n'en existe que trois exemplaires.

— Eh ! bien, on peut avoir l'un des trois.

— Non, par la raison que deux de ces exemplaires

se trouvent à Paris, à la Bibliothèque nationale, et le troisième à la bibliothèque d'Amsterdam...

— Le titre de l'ouvrage ?

— LE TESTAMENT ROUGE, *Mémoires du sieur de Laffémas.*

— Soit... passons condamnation sur celui-là... — mais, les autres ?...

— Je vous répète que je n'en ai pas un seul... — il s'en est fallu de bien peu, cependant, que j'en possède un...

— Lequel ? — demanda vivement Raymond, entrevoyant la possibilité d'une piste à saisir.

— LA VIE DU PÈRE JOSEPH, volume assurément très rare, mais moins que le TESTAMENT ROUGE...

— Qui vous a empêché de l'avoir ?

— J'ai refusé de l'acheter.

— On voulait sans doute vous le vendre trop cher...

— Ce n'est pas cela...

— Qu'est-ce donc, alors ?

Ces mots furent prononcés par Raymond d'une voix si brève, avec une intonation si étrange, que le libraire surpris regarda son interlocuteur, vit une lueur au fond de ses prunelles, et en conclut que cet inconnu pourrait bien avoir à le questionner un intérêt spécial, dans lequel la bibliomanie n'entrait absolument pour rien.

Mais, comme cet intérêt n'existait pas pour lui et qu'il désirait éviter des explications personnelles, il répondit assez sèchement :

— Parce que cela ne me plaisait pas.

Raymond comprit qu'il venait de commettre une maladresse.

Son désir de trouver une piste, son impatience d'obtenir une réponse catégorique, avaient éveillé de vagues soupçons dans l'esprit de Duchemin.

— Comment réparer le mal et faire parler cet homme à présent ? — se demanda-t-il.

Puis, à haute voix, il ajouta :

— Je regrette fort que vous ne vous soyez pas arrangé de ce livre... je vous l'aurais payé sans marchander, quel qu'en fût le prix...

— Ce qui est fait est fait, — répliqua le libraire. — Voici votre liste, monsieur ; elle m'est inutile, puisque je ne suis détenteur d'aucun des livres qui la composent.

En même temps, il présentait la feuille de papier au faux Anglais.

Celui-ci reprit :

— Ne pourriez-vous au moins me dire, monsieur, où je trouverais cet exemplaire de la *Vie du père Joseph* qui vous a été offert?

— Cela m'est impossible.

— Pourquoi?

5.

— Parce que la personne qui me l'a présenté m'était inconnue.

— C'est pour cela, peut-être, que vous avez refusé de traiter avec elle?...

— C'est du moins une des raisons...

— Peut-être aussi supposiez-vous que le précieux volume avait été volé?...

En formulant cette question, Raymond regardait le libraire avec une fixité si grande qu'il semblait vouloir le magnétiser.

Duchemin répondit :

— Je n'avais aucune raison positive pour supposer cela, mais l'extrême rareté de l'ouvrage rendait suspecte sa présence dans les mains qui me l'offraient... — En 1871, alors que le gouvernement régulier était à Versailles, un assez grand nombre d'ouvrages précieux ont été enlevés des bibliothèques de l'Etat... Ce pourrait être un de ceux-là...

— D'autant plus sans doute qu'il portait les timbres de la Bibliothèque nationale ?

— Non, mais certains indices me permettaient de supposer qu'il les avait portés... - Maintenant, monsieur, veuillez me dire pourquoi cette insistance à me faire subir en quelque sorte un interrogatoire.

— Parce que, — répliqua Raymond en reprenant sa voix naturelle et en laissant de côté l'accent anglais, — parce que je cherche les auteurs, non pas des détournements qui ont pu avoir lieu pendant la Commune, dans les bibliothèques de l'Etat, mais des vols qui s'y commettent depuis quelques semaines...

— La liste que je vous avais présentée tout à l'heure contient les titres de presque tous les ouvrages volés .. — On est venu vous proposer de vous vendre l'un d'eux... — Il y a là un précieux indice qui peut conduire à la découverte des coupables... — Vous serez certainement appelé à la préfecture et au parquet.

En entendant le brusque changement de voix de son interlocuteur, le libraire ne fut que très médiocrement surpris.

Déjà depuis quelques instants il soupçonnait la vérité; mais il était un honnête homme, il ne pouvait redouter quoi que ce soit, et c'est pour cela qu'il n'avait point refusé de répondre aux nombreuses interrogations que l'Anglais prétendu lui adressait.

— Si je suis appelé, je m'empresserai d'obéir, — répliqua-t-il, — mais je ne pourrai rien ajouter à ce que je vous ai dit à vous-même.... — Et maintenant que je sais de quoi il est question, je regrette beaucoup de ne pouvoir vous fournir d'autres renseignements, car les vols de ce genre me semblent des sacrilèges, — le mot n'est pas trop fort ! — et je trouve que leurs auteurs ne seront jamais assez punis...

— Ainsi, — reprit Raymond, après avoir félicité

Duchemin des sentiments qu'il venait d'exprimer, — vous ne connaissiez point la personne qui vous présentait la *Vie du Père Joseph ?*

— Non.

— Vous ne l'aviez jamais vue ?

— Jamais.

— Comme vous avez refusé d'acheter ce volume, il est probable qu'il aura été porté à quelque autre...

— C'est non seulement probable, mais certain...

— Eh bien, monsieur, vous qui devez connaître tous les acheteurs de livres rares, vous pourriez peut-être me mettre sur la trace de cet autre...

— Ce que vous me demandez, monsieur, est très délicat ! ! Songez qu'il s'agit de faire peser les soupçons sur mes confrères.

— La fin justifie les moyens ! ! — Réfléchissez qu'il faut à tout prix trouver les auteurs de ces vols que vous-même qualifiez de *sacrilèges ! !*

— Certes ! et je le répète, mais ce n'est pas une raison pour me transformer en accusateur.

— Sans porter d'accusations positives, vous pourriez me guider...

VIII

Après avoir réfléchi pendant un instant, Duchemin sembla prendre son parti et demanda :

— Avez-vous vu Clovis Henne?

— Oui, — répondit Raymond.

— Depret? Cornet? Sauly?

— Oui.

— Larchevêque et Bardou?

— Egalement.

— Avez-vous vu Fauvel?

— Quant à celui-là, non, j'en suis sûr. — Qu'est-ce que ce Fauvel?

— Antoine Fauvel est un de mes confrères, un bibliophile très érudit, plus érudit peut-être que scrupuleux, qui s'occupe un peu de tout, et qui connaît toutes sortes de gens.

— Le croyez-vous homme à ne pas s'inquiéter de

la provenance des ouvrages qui lui sont proposés?

— Je ne dis pas cela, seulement, si son examen est tant soit peu superficiel, on peut le tromper lui-même... — Je sais qu'il achète à des voyageurs de province, à des coureurs, au premier venu, sans exiger d'eux des justifications bien en règle de la provenance des objets vendus... — Bref, vous pourriez vous informer auprès de lui... adroitement...

— Je le ferai, monsieur.

— Sans lui dire, bien entendu, que vous venez chez lui sur mon indication.

— Soyez tranquille...

— Voulez-vous me permettre de vous donner un conseil?

— Certes !

— Eh bien, ne montrez pas à Fauvel la liste des ouvrages que vous êtes censé vouloir acquérir, et qui sont pour la plupart des livres volés... — Cela pourrait lui donner l'éveil et vous ne tireriez rien de lui...

— Merci du conseil, — j'en profiterai. — Où demeure Fauvel?

— Rue Guénégaud, tout près d'ici, au n° 9.

— Encore une question : — Pouvez-vous me donner le signalement de la personne qui vous a proposé la *Vie du père Joseph?*

— C'est un jeune homme de vingt-cinq ans environ, maigre, avec des cheveux blonds. — Il était convenablement vêtu et s'exprimait fort bien... je n'ai pas remarqué autre chose.

Raymond exprima de nouveau sa gratitude et se retira.

En quittant la rue Dauphine, il se rendit immédiatement à la rue Guénégaud, impatient de savoir s'il y trouverait la piste cherchée avec tant d'ardeur et si peu de succès jusqu'à ce moment.

Renseigné par le concierge sur l'étage auquel demeurait le bouquiniste, il montait au troisième et sonnait à la porte.

Selon la coutume, cette porte lui fut ouverte par Fauvel lui-même.

Le fin matois, le rusé coquin qui tripotait des affaires généralement plus que véreuses, avait la défiance du renard.

Sans cesse il se tenait sur ses gardes. — Sa défiance s'éveillait dès qu'un visiteur venait chez lui sans une recommandation d'un de ses clients habituels.

En conséquence il se montra très circonspect avec l'inconnu qui se présentait.

Raymond avait repris son accent britannique.

— Master Fauvel? — demanda-t-il en saluant.

— C'est moi, monsieur.

D'un coup d'œil rapide et expérimenté le nouveau

venu examina la physionomie du bouquiniste, mais cette physionomie naturellement placide et volontairement insignifiante ne fournissait aucun indice de nature à former son opinion au sujet de l'homme auquel il allait avoir à faire.

— J'aurais à vous entretenir, monsieur, — lui dit-il.

— Veuillez entrer.

Antoine Fauvel livra passage au faux Anglais, et l'introduisit dans la grande pièce que nous connaissons et qui servait à la fois de cabinet de travail, de bibliothèque et de magasin.

— Qu'est-ce que c'est que cet oiseau-là? — se demandait-il tout en marchant. — Je ne sais pas pourquoi, mais j'ai de la méfiance.

Raymond entama la conversation par ces mots :

— Je viens, monsieur, vous proposer une bonne affaire...

— Une bonne affaire, — répéta Fauvel en riant, — c'est comme ça que je les aime... Malheureusement elles sont rares à notre époque... — On ne les accueille que mieux quand elles se présentent. — De quoi s'agit-il?

— Je suis sujet anglais, monsieur.

— Je m'étais permis de le deviner à votre accent...

— Avez-vous entendu parler de lord Georges Dudley?

— Il me semble que ce nom ne m'est pas inconnu.

— C'est un des plus riches bibliophiles des Trois-Royaumes, et j'ai l'honneur d'être son secrétaire. — Lord Dudley sait que vous êtes un chercheur infatigable, toujours à la piste des choses les plus rares... un dénicheur heureux de merveilles... or, voulant ajouter de nouvelles richesses à sa bibliothèque déjà si riche, il m'a donné l'ordre de venir en France, à Paris, et de m'adresser à vous et à vos collègues... J'ai déjà visité ceux-ci : Clovis Henne, Depret, Cornet, Sauly, Duchemin, et j'ai fait chez eux d'agréables trouvailles. — Je vous réservais pour la bonne bouche, et je viens vous demander de me fournir quelques-uns de ces ouvrages plus que rares, uniques s'il se peut, qui sont l'orgueil et la joie d'un bibliophile vraiment digne de ce nom...

— Ah ! — dit Fauvel, après avoir écouté, — vous avez déjà fait des emplettes ?...

— Oui, et pour d'assez fortes sommes... chez Duchemin, principalement...

— Vous avez sans doute une liste des volumes que vous désirez.

— Non, car j'accepte sans distinction de genre ou d'époque tout ce qui a de la valeur.

— Très bien... — Je vais donc vous indiquer ce que j'ai de plus rare ici.

— Je vous en prie.

Le bouquiniste prit sur son bureau un cahier couvert d'écriture, et dit en le présentant au visiteur :

— Voici le catalogue manuscrit des ouvrages rares dont je suis détenteur... — Prenez la peine de le parcourir, et puisque vous êtes un connaisseur émérite vous conviendrez volontiers que nulle part on ne pourrait trouver mieux...

Raymond prit le catalogue et le lut avec une extrême attention, ligne par ligne.

Fauvel continua :

— Les titres devant lesquels j'ai tracé une petite croix à l'encre rouge sont ceux des ouvrages que je crois être seul à posséder... — ils valent des sommes considérables...

Soudain les yeux de Raymond se fixèrent sur une ligne du catalogue et parurent ne plus pouvoir s'en détacher.

Le bouquiniste, qui le suivait du regard, demanda :

— Vous avez trouvé un ouvrage qui vous plaît ?

— Oui. — Je vois là le titre d'un volume que lord Dudley et moi nous cherchons depuis longtemps...

— Lequel, s'il vous plaît ?

— *La vie du père Joseph...*

Tout en parlant, Raymond observait à la dérobée Fauvel.

Celui-ci, trop fin et trop sur ses gardes pour ne pas

s'apercevoir de cet examen, si bien dissimulé qu'il fût, répondit :

— En effet, je possède ce volume...
— Voulez-vous me le montrer ?...
— Parfaitement bien.

Le bouquiniste alla prendre sur un des rayons de la bibliothèque un petit in-dix-huit à tranches rouges, relié en parchemin jauni par le temps.

Raymond le reçut de ses mains, l'ouvrit vivement à la première page qui portait le titre, et son œil courut à la date de la publication.

— C'est l'édition de 1701, de Chambéry, — dit Fauvel, étudiant à son tour le prétendu bibliophile qui répliqua tranquillement :

— Je le vois bien, et ce n'est pas du tout celle que j'espérais.

— Vous espériez mettre la main sur la première édition, la vraie, la belle, l'inestimable, qui fut publiée à Naples en 1665.

— J'en conviens.

— Eh bien, monsieur, c'était un espoir impossible à réaliser aussi bien ailleurs que chez moi... — L'édition de 1665 a disparu tout entière... — C'est à peine si on pourrait en trouver un ou deux exemplaires dans les bibliothèques de l'Etat...

Fauvel, qui se défiait de plus en plus, avait appuyé

sur ces derniers mots, en les soulignant en quelque sorte par l'intonation.

Raymond se débarrassa du volume en le posant sur le bureau, tandis que le bouquiniste examinait avec un redoublement d'attention le pseudo-secrétaire de lord Dudley.

Fromental, grimé et costumé avec art, était méconnaissable, nous le savons, mais il n'avait pu conserver son chapeau, et sa tête nue se trouvait livrée aux investigations soupçonneuses de Fauvel qui n'eut point de peine à s'apercevoir, malgré le grand talent de l'artiste capillaire, que son visiteur cachait sa véritable chevelure sous une perruque d'un blond ardent.

— Je flairais la chose, — se dit-il, — c'est tout bonnement *une mouche* qu'on envoie fureter ici...

Raymond avait terminé la lecture du catalogue.

— Eh bien ! monsieur ? — demanda Fauvel.

— Eh bien ! sans méconnaître la valeur de votre collection, je n'y vois rien qui puisse nous convenir, sauf deux ou trois ouvrages dont je me réserve de parler à lord Dudley par correspondance avant de traiter avec vous... Ceci me cause une déception... Je vous supposais bien autrement riche en raretés.

— Chez M. Duchemin j'ai trouvé beaucoup mieux...

— Et quoi donc ? — demanda Fauvel voulant à son tour faire causer le visiteur suspect.

— Mais, entre autres choses, les *Mémoires du comte de Rochefort.*

— Quelle édition, je vous prie?...

— Celle de 1649.

Fauvel eut un éclat de rire ironique.

— C'est tout bonnement impossible! — dit-il ensuite. — Il n'existe en Europe qu'un seul exemplaire de cette édition... et il est à la bibliothèque de la rue Richelieu... — Duchemin vous a trompé... ou il a été trompé lui-même...

— Mais, j'ai lu la date...

— La date ne signifie rien... — Il y a des *truqueurs* habiles! — On *maquille* un titre. — On change un chiffre... — On imprime au besoin une page entière sur vieux papier, avec de vieux caractères et une encre adroitement pâlie... — Si c'était vraiment l'édition de 1649, ce volume vaudrait une fortune... Oui, monsieur, une fortune...

— Vous m'inquiétez... — Aurais-je été dupe?...

— Il faudrait voir le volume. — S'il n'est pas *truqué* — (ce que je refuse d'admettre jusqu'à preuve contraire), — c'est qu'il provient d'un vol commis au préjudice de la Bibliothèque nationale, car là seulement on pouvait se le procurer... — Ce ne serait point du reste la première fois que des misérables dépouillent les collections d'Etat!... — On ovrait prendre contre eux des précautions de nature à rendre toute récidive impossible !...

— Comment, on vole dans les bibliothèques ? — dit Raymond avec un étonnement bien joué...

— Je ne sais si on y vole encore aujourd'hui, mais j'affirme qu'il y a quelques années on y volait beaucoup.

— Et les voleurs ont été pris ?

— Je l'ignore, et j'en doute, car on n'a jamais entendu parler de leur punition, donc ils sont restés libres. — La police est si maladroite !

Raymond pensa :

— Ou Duchemin s'est trompé sur le compte de cet homme, ou c'est un coquin très habile, qui se tient sur ses gardes et ne donnera point barre sur lui.

Il ajouta, en quittant son siège :

— Je regrette beaucoup de vous avoir fait perdre inutilement une heure... — Dès que j'aurai une réponse de lord Dudley relative aux deux ou trois ouvrages remarqués par moi dans votre catalogue, j'aurai le plaisir de vous revoir.

— Toujours à vos ordres, monsieur.

Raymond se retira.

Tout en descendant l'escalier, il se demandait :

— Ce Fauvel est-il de bonne foi ? — Suis-je sa dupe ? — Je crois que dans le doute il sera sage de le surveiller...

Le bouquiniste se disait de son côté, en refermant sa porte :

— Décidément, j'ai toujours mon flair d'autrefois ! — il m'a suffi d'un simple coup d'œil pour voir à qui j'avais affaire. — Ah ! on cherche les voleurs des Bibliothèques... C'est au mieux... Mais ils sont plus malins que la police, les voleurs, et ne se laisseront pas prendre... il faudra que je prévienne Abraham... — le vieux roublard saura se garer.

Fauvel était rentré dans son cabinet.

— Pendant que j'ai un moment de répit, — poursuivit-il, — je ferais bien de le mettre à profit pour déchiffrer si faire se peut le logogriphe du *Testament Rouge*... pour tâcher de découvrir ce que signifient les mots soulignés à l'encre rouge... — Ensuite je donnerai le volume à laver à Gendrin... — Cet Américain, le docteur Thompson, m'achètera probablement ce livre et la *Vie du Père Joseph*... — il est amateur, il est riche et ne marchande pas. — Ce sera peut-être un client hors ligne... — Je tâcherai de lui glisser en même temps les *Mémoires du comte de Rochefort*... — De cette façon je serai débarrassé de tout. — Il ne me restera plus à placer que le manuscrit promis par Abraham... — Quant à celui-là, je connais en Allemagne quelqu'un qui me le payera ce qu'il vaut, et j'irai le porter moi-même.

En disant ce qui précède Fauvel avait pressé le

ressort qui faisait pivoter tout un panneau de la bibliothèque et démasquait la porte de la chambre noire.

Il entra dans cette chambre, prit le *Testament Rouge*, referma la porte, remit à sa place le panneau mobile, revint s'asseoir à son bureau et ouvrit le volume à la page qu'il avait marquée d'un morceau de papier en guise de signet.

Prenant alors une loupe, il examina les traits à l'encre rouge tracés sur les trois pages 20, 21 et 22...

Il y avait des lettres soulignées seulement par un point, et des mots entiers soulignés par une barre.

— Qu'est-ce que signifient ces remarques ? — se demanda le bouquiniste pensif. — Celui qui les a tracées avait certainement un motif... — À coup sûr elles cachent une pensée secrète... mais quelle est la clef du mystère ? — J'ai lu jadis un ouvrage qui traitait de correspondances secrètes au moyen de journaux, dont les mots soulignés donnaient des phrases par leur assemblage... Tantôt on prenait les mots par la fin du journal, et tantôt par la tête... — Est-ce que l'original qui a souligné ces lettres et ces mots aurait usé de ce moyen ?... ce serait l'enfance de l'art !... — voyons un peu cela !...

IX

Antoine Fauvel prit une plume, étala sur son bureau une feuille de papier, et commença à écrire, à la suite les uns des autres, les lettres et les mots soulignés à l'encre rouge.

Ce travail de patience, quoique des plus simples, fut assez long, car il fallait ne rien oublier.

Quand il fut terminé les lettres et les mots écrits présentaient la forme suivante :

ChâteaudesGrangesdeMerlaFontainedixseptième dallenoiredelachapelleencomptantàpartirducoingau che

Fauvel lut le tout d'un seul trait.

— Il me semble que cela offre un sens... — se dit-il, et il relut, en séparant les mots par la pensée :

Château des Granges-de-Mer-la-Fontaine; dix-septième dalle noire de la chapelle; en comptant à partir du coin gauche.

« Voilà bien trois phrases complètes, — poursuivit le bouquiniste. — Ceci, je n'en puis douter, a été écrit avec intention. — Ces phrases sont, à coup sûr, l'indication d'une chose mystérieuse... — Est-ce que par hasard, j'aurais un secret d'or entre les mains?...

Il se mit à étudier les phrases avec un soin tout particulier. — Il compta les mots dont leur ensemble se composait.

— Vingt et un mots... — murmura-t-il, — et chacune des trois phrases est composée de sept mots. — C'est trop singulier pour être le résultat d'un hasard... — Dans ce compte de mots, il y a certainement une intention...

De nouveau, il relut.

— Château des Granges de Mer-la-Fontaine... — Ce nom ne m'est point inconnu, — fit-il en s'interrompant. — Je l'ai déjà entendu prononcer quelque part, j'en suis certain... — Où donc? — Par qui? — Je ne me souviens pas, mais il faut que je me souvienne...

Les coudes appuyés sur son bureau, la tête enfouie dans ses mains, Antoine Fauvel ferma les yeux et ouvrit une à une les cases de son cerveau affectées à la mémoire.

Soudain il releva la tête. — Une expression de joie vive et de triomphe illuminait ses traits.

— Je me souviens!... Je me souviens! — dit-il presque à voix haute. — Le château des Granges de

Mer-la-Fontaine est une propriété du feu comte de Thonnerieux... — C'est ma sœur qui, plus d'une fois, en a prononcé le nom devant moi.

Après avoir réfléchi de nouveau pendant quelques secondes, il ajouta :

— Je crois bien que j'ai trouvé. — Voyons donc...

Il reprit la plume et poursuivit, d'une voix que la fièvre intérieure rendait tremblante :

— Trois phrases, composées chacune de sept mots... — Les médailles commémoratives distribuées aux enfants nés le même jour que sa fille portent trois mots sur une de leurs faces, et chacun de ces mots superposés doit appartenir à une phrase différente... — C'est là qu'est le secret, et j'en tiens la clef !

Antoine Fauvel écrivit les uns au-dessous des autres les trois phrases :

« *Château des Granges-de-Mer-la-Fontaine.*
» *Dix-septième dalle noire de la chapelle.*
» *En comptant à partir du coin gauche.*

Ceci fait, entre chaque mot, sur la hauteur des trois lignes, il tira une barre qui donna aux phrases l'aspect suivant :

Château	des	Granges	de	Mer	la	Fontaine
Dix	septième	dalle	noire	de	la	chapelle
En	comptant	à	partir	du	coin	gauche

Puis il examina chaque case.

— J'avais raison, — dit-il en fixant ses regards sur la troisième. — Voici les mots gravés sur la médaille donnée à mon neveu, le fils de l'avocat Labarre... — Chacune des médailles distribuées aux autres enfants porte ainsi trois mots, ce qui fait qu'en réunissant les médailles on peut reconstituer les trois phrases, mais pourquoi donc a-t-on fait ces marques sur ce livre?...

Après de nouvelles réflexions, il ajouta:

— Eh! parbleu! cela va de soi! Les phrases indiquent l'endroit où est cachée la fortune du comte, et le voleur du testament aura été volé... Il pensait y trouver la désignation de la cachette, tandis que M. de Thonnerieux ne faisait certainement qu'indiquer ce livre auquel il fallait recourir pour connaître le nid des millions... Or ce volume ayant été soustrait à la Bibliothèque nationale, tout indice disparaît avec lui, et on le cherche. — La police elle-même met son monde en campagne. — Le secret d'or en vaut la peine, et le secret d'or est à moi, puisque je le possède en possédant ce livre! — Les millions disparus du comte de Thonnerieux sont au Château des Granges de Mer-la-Fontaine... — Ils m'appartiendront.

» Quand je pense que je voulais vendre ce volume qui renferme pour moi la richesse... une richesse énorme... dépassant de cent coudées tous mes rêves !... — Allons donc! il ne sortira pas de mes mains... — je me ferais tuer pour le défendre, s'il le fallait...

» Avant huit jours j'aurai trouvé moyen de pénétrer dans la chapelle du château des Granges... Je compterai, à partir du coin gauche, jusqu'à la dix-septième dalle noire... — C'est sous cette dalle que se trouve la fortune du comte... les liasses de billets de banque entassés, les rouleaux d'or... — A moi cette fortune... à moi, tout !!

Antoine Fauvel avait l'air d'un homme en délire, d'un fiévreux au plus fort de son accès.

Ses yeux étaient hagards, ses gestes brusques et désordonnés.

La sueur mouillait ses tempes.

Il serrait avec une sorte de passion contre sa poitrine le précieux bouquin.

Un coup de sonnette retentit à la porte du logement.

L'exaltation de Fauvel tomba brusquement, comme une douche d'eau glacée.

En deux bonds, avec une souplesse de jeune homme, il courut appuyer sur le bouton qui mettait en mouvement un panneau de la bibliothèque, il réintégra le *Testament Rouge* dans la chambre noire et, lorsque tout fut remis en place, il alla ouvrir.

6.

Le visiteur impatient du retard venait de sonner pour la seconde fois.

Ce visiteur, était Jacques Lagarde.

— Bonjour, mon cher monsieur Fauvel... — dit-il au libraire en lui tendant la main.

— Bonjour, monsieur le docteur, — répondit le maître du logis en serrant la main tendue, — quel bon vent vous amène?... — Entrez donc...

Et il introduisit le pseudo-Thompson dans son cabinet.

— Une affaire m'ayant conduit dans ce quartier, — répliqua Jacques, — j'en ai profité pour monter chez vous. — J'aurai à vous prier de me procurer le plus vite possible un ouvrage qui me fait défaut.

— Lequel?

Jacques Lagarde cita le titre d'une revue scientifique publiée par livraisons mensuelles depuis plusieurs années.

— Est-ce la collection que vous voulez avoir? — demanda Fauvel.

— La collection très complète, oui.

— Ce sera possible, quoique les premiers numéros soient devenus rares... Je prends note.

— Quand serez-vous en mesure de me livrer cela?

— Demain soir... — Après-demain matin au plus tard...

— C'est au mieux. — Maintenant, parlons d'autre

chose... — Où en sont vos négociations au sujet des fameux volumes dont vous m'avez parlé et que je serais très désireux de posséder dans ma bibliothèque ?

— Quels volumes ? — fit le bouquiniste, feignant de ne pas se souvenir.

— Avez-vous donc la mémoire si courte ?... Il s'agit de la *Vie du père Joseph* et du *Testament Rouge, Mémoires du sieur de Laffémas*.

— Ah! très bien... j'y suis maintenant. Que voulez-vous, j'ai tant de choses dans la tête!... Souvent je ne sais plus à laquelle on fait allusion... Je n'ai d'ailleurs rien de satisfaisant à vous apprendre... Il faut porter votre deuil, monsieur le docteur, de ces raretés bibliographiques...

— Pourquoi donc ? — demanda Jacques avec inquiétude.

— Pour une raison bien simple et sans réplique... — J'ai reçu ce matin une lettre m'annonçant qu'un amateur russe millionnaire venait d'acheter la bibliothèque complète que j'espérais moi-même acquérir, et dont faisaient partie les deux ouvrages en question.

— Ah! vous avez reçu ce matin cette fâcheuse lettre ?... — fit le médecin d'un ton où se devinait un peu d'incrédulité.

— Oui... — je l'ai laissée dans ma chambre... je

puis la mettre sous vos yeux si vous le désirez;...

Jacques avait envie de répondre : Oui, pour prendre Fauvel en flagrant délit d'imposture, mais la réflexion l'arrêta.

Le mensonge du bouquiniste venait de faire naître dans son esprit cette pensée :

— Aurait-il découvert le secret du livre ?... — A tout hasard il faut le ménager et veiller sur lui... — il ajouta, mais à voix haute : — C'est complètement inutile. — Je vous crois sur parole, mon cher monsieur Fauvel... — Mais pour vous comme pour moi je regrette cet insuccès...

— Je le regrette aussi et plus que vous, car vous n'y perdez qu'une satisfaction d'amour-propre, et j'y perds, moi, la forte somme que j'aurais gagnée... Je tiens cependant à votre disposition les *Mémoires du comte de Rochefort*.

— Je les prends. — Envoyez-les moi demain avec le grand ouvrage que vous devez me fournir...

— C'est entendu...

— Ah ! — fit Jacques tout à coup. — Moi aussi j'oubliais que j'ai un service à vous demander...

— Toujours à vos ordres... — Quel est ce service ?

— J'ai appris qu'il y avait une précieuse collection de livres à vendre aux environs de Paris... — C'est mon secrétaire qui a déniché cela...

— Eh bien !

— Eh bien! je ne voudrais point acheter sans avoir auprès de moi un homme très compétent pour me guider... J'ai pensé à vous... — Voulez-vous, pour cet achat, me servir d'expert? — Il va sans dire que vous serez largement rémunéré...

— Parfaitement... — Je ferai ce que vous désirez, et sans rémunération, pour l'unique plaisir de vous être agréable et utile...

— Vous êtes, en vérité, trop aimable.

— Pas du tout, vous êtes un assez bon client pour que je sois très enchanté de vous rendre ce petit service... — A quand l'expertise?...

— Elle aura lieu dans quatre ou cinq jours.

— Ah! diable! — dit Fauvel en se grattant l'oreille, — ah! diable !

— Y a-t-il une difficulté?

— Oui. — D'ici à quatre ou cinq jours, je vais être obligé de faire un voyage.

— Ne peut-il se remettre?

— Impossible.

— Et votre absence durera longtemps?— demanda Jacques anxieux.

— Je ne pourrais en préciser la durée... Cela dépendra. — C'est un voyage d'affaires. — Ces affaires me retiendront plus ou moins.

— Alors, je vais m'arranger de manière à ce

que l'expertise puisse avoir lieu avant votre départ.

— Est-ce loin de Paris que nous devons aller ?...

— Non, c'est près de Créteil. Je possède une villa de ce côté... Nous pourrions coucher chez moi, et nous rendre le lendemain matin à la propriété de la personne qui veut vendre...

— Dans ces conditions, c'est parfait. — Pendant trois jours, je suis votre homme... Ensuite ne comptez plus sur moi qu'après mon voyage... Je partirai lundi prochain...

— Ce sera cette semaine... Je vous ferai prévenir dans la journée et je viendrai vous prendre le soir...

Les deux hommes échangèrent une poignée de main, comme au moment de l'arrivée, et Jacques se retira en se posant une série de questions qui pour lui constituaient une série de problèmes.

— Où ce vieux gredin peut-il aller ? — se demandait-il.

« Pourquoi ne veut-il plus me vendre aujourd'hui le *Testament Rouge* qui, j'en suis sûr, est en sa possession ?

» A-t-il découvert le secret renfermé dans ce volume et concernant la fortune du comte de Thonnerieux ?...

» Cette découverte est non seulement possible, mais probable.

» En lavant à l'acide les estampilles de la Bibliothèque nationale sur les pages du livre, il aura vu les traits à l'encre rouge soulignant des lettres et des mots... — il s'en sera inquiété... — Il aura cherché à comprendre, et il aura trouvé le mot du logogriphe...

» Eh! tonnerre, m'y voici! — ajouta Jacques tout à coup. — Pour moi le nom de *Fauvel* suffit à éclairer complètement cette affaire !... — La sœur du bouquiniste était la femme de l'avocat Labarre... — Son neveu a reçu une médaille, et la médaille du neveu a donné à l'oncle la clef du mystère! — Impossible d'en douter, il connaît le secret du comte de Thonnerieux et veut s'approprier la fortune.

» Voilà le motif de son départ.

» Voilà pourquoi il refuse de me vendre le *Testament Rouge*.

» Ce serait bien calculé, bien combiné, si je n'étais pas là! — Mais je suis là, et tu comptes sans moi, Fauvel! »

De retour à l'hôtel de la rue de Miromesnil, Jacques Lagarde confia à Pascal tout ce qui se passait dans son esprit.

— Il faut agir ! — dit le jeune homme.

— Sans doute ; mais je ne puis agir avant que les travaux soient terminés au *Petit-Castel*...

— Eh bien, il faut les presser encore...

— J'irai demain, et je ramènerai Marthe...

— Où en est l'installation de mon laboratoire ?

— Elle est complète.

— Bien. — Fais donner, je te prie, l'ordre d'atteler...

— Où vas-tu ?

— Rue Barbette, au Marais, chercher des appareils de chimie qui me sont nécessaires... — J'ai des travaux à faire, ce soir... — J'aurai besoin d'une certaine provision d'anthracite et de charbon de bois...

— En rentrant, tu trouveras cela dans l'annexe du laboratoire... — Pas d'autres recommandations à m'adresser ?

— Pas d'autres.

— Je vais transmettre tes ordres à l'Alsacien...

Pascal quitta son complice.

Vingt minutes plus tard la voiture était attelée et le docteur Thompson partait pour la rue Barbette.

X

En rentrant chez lui, Raymond Fromental avait trouvé un mot laconique lui enjoignant de se rendre sans le moindre retard à la préfecture.

Il ne prit que le temps de changer de costume et obéit.

Le chef, qui l'attendait, le reçut aussitôt et lui demanda :

— Eh bien ! mon cher Raymond, avez-vous découvert quelque chose ?

— Malheureusement non, monsieur, — répondit Fromental avec tristesse. — Et cependant, ce matin, j'ai cru tenir une bonne piste...

— Mettez-moi au courant.

En peu de mots Raymond raconta l'emploi de sa matinée, ses visites successives au libraire Duchemin et au bouquiniste Antoine Fauvel.

— Eh bien, mon cher collaborateur, — reprit le

chef quand ce bref récit fut achevé, pendant que vous cherchez vainement les voleurs de livres, ceux-ci ne désarment pas... — Voici un rapport du commissaire de police du quartier Sainte-Geneviève qui m'annonce qu'un vol vient d'être commis à la Bibliothèque de son quartier.

— Encore ! — murmura Raymond.

— Et, soyez-en convaincu, ce ne sera pas le dernier... — Les voleurs, voyant que les journaux ne parlent point de leurs exploits, supposent, sans le moindre doute, que les larcins passent inaperçus et, ne craignant pas qu'une surveillance dangereuse pour eux soit organisée, ils recommencent... — L'impunité leur donne une audace incroyable !!

— Eh bien ! monsieur, — répliqua Raymond avec une sourde colère, — l'impunité qui les enhardit touche à son terme ! — Avant huit jours j'aurai mis la main sur les coupables... — Veuillez me confier le rapport du commissaire de police...

— Le voici. — Puissiez-vous réussir ! — Souvenez-vous qu'en travaillant pour nous, vous travaillez aussi pour votre affranchissement.

— Ne craignez pas que je l'oublie, monsieur...

Raymond remonta dans le fiacre qui l'avait amené à la Préfecture, se fit conduire à la Bibliothèque Sainte-Geneviève, et demanda le conservateur dont il était connu.

— Je viens d'apprendre, monsieur, que vous avez été victime d'un nouveau vol, — lui dit-il.

— En effet... — Un manuscrit précieux a disparu hier...

— Il avait été communiqué ?

— Oui. — Le bulletin de demande en fait foi. — Voici ce bulletin. — Inutile d'ajouter qu'il porte un faux nom et une fausse adresse, conformes d'ailleurs au nom et à l'adresse indiqués sur le bulletin personnel, qu'on délivre à chaque lecteur au moment de son entrée, et qu'il doit rendre *visé* à la sortie, lorsqu'il a restitué l'ouvrage communiqué. — Ce bulletin personnel le voilà, avec un *visa* faux.

— Vous souvenez-vous de la personne à qui communication du manuscrit a été faite ?

— Je m'en souviens d'une façon très vague, car au moment où j'inscrivais sur le bulletin mes indications de recherches, il me fallait répondre à un lecteur parlant mal le français et que j'avais de la peine à comprendre... un étranger... un juif, sans doute, qui me demandait un ouvrage en langue hébraïque.

— Ne vous semble-t-il pas probable que cet homme était un compère, accaparant votre attention pour la détourner du demandeur du manuscrit volé ?

— Peut-être... c'est possible... Mais vous conviendrez que je ne pouvais concevoir aucun soupçon...

— Quant au demandeur du manuscrit, vous l'avez peu remarqué, mais, si peu que ce soit, il a dû vous laisser un souvenir quelconque...

— Je crois voir sa figure comme à travers un nuage... Une figure pâle et maigre...

— Avec des cheveux blonds?

— Oui, c'est cela.

— Eh! parbleu! c'est le voleur! — s'écria Raymond, — c'est le jeune homme qui est allé proposer à Duchemin la *Vie du père Joseph*. — Je tiens la piste!...

— Vous connaissez cet homme? — demanda le conservateur vivement.

— Pas encore, mais je le connaîtrai bientôt. — Encore un mot : — comment peut-on emporter les volumes dérobés, sans que vous vous aperceviez à l'instant même de la soustraction?...

— On le peut de deux manières. — Pour la première on doit avoir de faux bulletins personnels blancs que l'on met à la place de ceux sur lesquels on inscrit les volumes confiés aux lecteurs... — On glisse le bulletin dans sa poche en même temps que le volume, et à la sortie on donne un bulletin blanc, comme si l'on n'avait fait que consulter les encyclopédies qui sont à la disposition de tout le monde sur les rayons publics, avec les catalogues... — Dans le second cas, on contrefait le *visa* sur le bulletin...

— C'est bien, monsieur. Demain, dès l'ouverture de la Bibliothèque, vous aurez ici des observateurs dont la leçon sera faite d'avance.

Raymond retourna à la Préfecture, prit ses mesures, choisit des collaborateurs en qui il avait confiance, leur donna rendez-vous pour le lendemain et, sa journée étant finie, rentra chez lui où il se mit à penser à son cher Paul, qu'il n'avait pas vu depuis deux jours.

* *

Le docteur Thompson, nous l'avons dit, était sorti pour se rendre rue Barbette, chez un marchand d'appareils de physique et de chimie auquel il avait déjà fait de nombreux achats pour garnir son laboratoire :

Le marchand le reconnut et lui demanda :

— Avez-vous encore besoin de mes services, monsieur le docteur ?

— Oui, monsieur ; il me faudrait un pulvérisateur des liquides, de Dewaz, complet... — Voulez-vous avoir l'obligeance de m'en préparer un...

— Quel numéro ?

— Je voudrais que le flacon puisse contenir de cent à cent cinquante grammes de chloroforme ou de kérosélène...

— C'est l'appareil n° 1 qu'il vous faut... Désirez-vous l'emporter ?

— Oui, j'ai là ma voiture...

Le marchand donna des ordres et reprit, tandis qu'un commis apprêtait l'appareil demandé :

— Est-ce que vous vous servez du kérosélène pour vos inhalations, monsieur le docteur ?

— Oui, beaucoup.

— Vous ne préférez pas le chloroforme ?

— Je préfère l'emploi du kérosélène... (1)

— Me permettez-vous de vous demander pourquoi ?

— Il procure l'anesthésie plus promptement, presque instantanément, et il a moins d'odeur que le chloroforme, dont l'emploi est très dangereux...

— C'est un anesthésique peu en usage en France...

— Je le sais, mais en Amérique, mon pays, nous nous en servons généralement pour l'anesthésie médicale, pour l'anesthésie chirurgicale et pour l'anesthésie obstétricale.

— Combien vous faut-il de temps pour endormir un sujet avec du kérosélène ?...

---

(1) Le *kérosélène* ou *kéroforme*, produit récemment employé en Amérique, provenant de la distillation du charbon, ayant peu d'odeur et une action presque instantanée. Il anéantit promptement la connaissance et laisse au réveil un sentiment d'isolement et de profond oubli. (Dictionnaire encyclopédique des sciences médicales. — Anesthésie. — Médecine légale. — Tome IV, page 199. — 4° alinéa.)

— Deux minutes au plus. — Souvent moins.

— Et l'anesthésie dure ?

— Elle peut durer sans danger douze minutes...

— Avec suppression complète de la sensibilité ?...

— Complète.

Le commis apporta l'appareil pulvérisateur qu'il avait été chargé de mettre en ordre.

Cet appareil consistait en une boîte au milieu de laquelle se trouvait un flacon dont le col était garni d'un tube, coupé par un autre tube vertical au sommet et fermant par une clef. — A l'une des extrémités du tube vertical s'ajustait un tuyau de caoutchouc terminé par deux boules creuses servant à la pression qui devait pulvériser le liquide.

— Vous êtes au courant de la marche à suivre ? — demanda le marchand au docteur.

— Très bien.. — La clef ouverte, il suffit de presser la dernière des boules pour obtenir la pulvérisation et envoyer le liquide pulvérulent sur la partie que l'on veut frapper d'anesthésie. — J'ai fait usage déjà de ce modèle. — Veuillez me fermer la boîte...

Le commis obéit.

Jacques paya, prit le petit paquet, remonta en voiture et se fit conduire à l'hôtel de la rue de Miromesnil.

Après le dîner, il laissa Pascal donner un coup

d'œil aux travaux accomplis pendant la journée et gagna son laboratoire.

Il y passa une partie de la nuit.

Laissons-le se livrer à quelque œuvre de ténèbres et rejoignons Raymond Fromental.

Le père de Paul, harcelé par les préoccupations qui nous sont connues, avait passé une très mauvaise nuit.

Il se leva de grand matin et partit pour le logement de la rue Meslay où il avait donné rendez-vous aux collaborateurs en sous-ordre choisis la veille à la Préfecture.

Le rendez-vous était pour huit heures précises.

Tout le monde fut exact.

Raymond raconta brièvement à ses auditeurs attentifs ce qu'il savait au sujet des vols de livres commis dans les bibliothèques, assigna les postes d'observation et expliqua la manière dont la surveillance devait s'exercer.

Deux hommes reçurent l'ordre de se rendre à la Bibliothèque de Sainte-Geneviève.

Deux à la Bibliothèque Mazarine.

Deux à la Bibliothèque de l'Arsenal.

Deux enfin à la Bibliothèque de la rue de Richelieu.

Fromental accompagnait ces derniers.

La consigne était de s'installer dans les salles de

travail, dès l'ouverture, pour n'en sortir qu'au moment de la fermeture, de paraître s'absorber en un travail de recherches scientifiques et de prendre force notes, tout en surveillant très attentivement les lecteurs qui auraient demandé communication des ouvrages rares, et qui leur seraient désignés par les employés de la Bibliothèque.

La journée se passa sans amener le moindre résultat et, après avoir fait leur rapport à Raymond dans un lieu convenu, les hommes se séparèrent pour revenir prendre le lendemain, aux mêmes endroits, leur surveillance.

Quittons-les momentanément, et prions nos lecteurs de nous accompagner de nouveau à Saint-Maur, au *Petit-Castel*.

Marthe, après le départ du docteur, était retournée dans le parc et s'était acheminée vers la berge où Paul Fromental, la veille, avait attaché son bateau.

Une irrésistible attraction obligeait la jeune fille à prendre ce chemin.

Elle ne comprenait pas et ne cherchait pas à comprendre ce qui se passait en elle, mais elle ne songeait même point à lutter contre le courant tout nouveau qui l'entraînait.

Paul, — ou du moins le jeune homme qu'elle croyait se nommer ainsi, — s'était emparé de toute son âme, de sa pensée entière.

7.

Elle ne se demandait pas : — Est-ce de l'amour que j'éprouve pour lui ? — Mais elle avait soif de le revoir, de lui parler, d'entendre sa voix dont le souvenir seul faisait vibrer toutes les fibres de son cœur.

A ce sentiment inconnu d'elle jusqu'à ce jour et si doux, quel que fût son nom, se mêlait une émotion craintive et douloureuse.

Marthe frissonnait en se rappelant que le docteur lui avait dit :

— Dans deux jours au plus tard je vous ramènerai à Paris...

Partir ! Quitter brusquement le *Petit-Castel* sans avoir revu le jeune pêcheur, c'était risquer de ne le revoir jamais !

Or, à cet inconnu, — elle le comprenait instinctivement, — sa vie appartenait désormais.

Etre pour toujours séparée de lui, c'était ne plus vivre.

Mais Paul, accaparé par son ami Fabien de Chatelux, n'avait point ramené son bateau près de la berge.

Le lendemain, après une nuit de sommeil fiévreux hanté par des songes de mauvais présage, Marthe vint dès le matin au bord de la rivière.

Paul n'était pas là, et la matinée tout entière s'écoula sans qu'elle le vît.

Attristée déjà par le souvenir des rêves de la nuit précédente, Marthe s'assombrit encore.

C'est à peine s'il lui fut possible de prendre quelque nourriture.

Elle revint s'asseoir sur le banc rustique, sous les grands marronniers à fleurs roses, tenant à la main un livre que cette fois elle ne lisait pas, et elle y passa de longues heures, interrogeant du regard les rives opposées, dévorant des yeux les bateaux qui glissaient sur la Marne, espérant toujours, mais en vain, voir s'y détacher la silhouette élégante du jeune homme.

Pendant cette attente toujours déçue que faisait Paul, lui-même fort épris, nous le savons, de la *Fée des Saules?*

La veille, une partie de pêche, on s'en souvient peut-être, avait été projetée par La Fouine, Fabien et lui.

Il aurait voulu aller jeter la ligne le long des berges du *Petit-Castel*, mais la Fouine qui, en raison de sa grande expérience, s'attribuait la haute main sur les opérations de cette campagne, en avait décidé autrement ; il tenait à conduire les jeunes gens vers une autre partie de la rivière, et Paul, dans la crainte de se trahir n'osant formuler aucune objection, se soumettait bien malgré lui.

Le lendemain matin, dès l'aube, on partit, tournant le dos à cette partie de la Marne où le *Petit Castel* se mirait dans l'eau verte.

La vieille Madeleine devait apporter le déjeuner, entre onze heures et midi, à un endroit désigné.

On se reposerait en mangeant sur l'herbe, sous les grands arbres.

La Fouine était venu en bateau chercher les deux amis.

On pêcha, — on déjeuna, — on se remit ensuite à pêcher, et le soir on revint à la maisonnette avec une formidable cargaison de poissons de toutes sortes.

Malgré ces distractions à outrance, Paul avait été triste et silencieux pendant toute la journée, triste à tel point que Madeleine, attribuant ce mutisme et cette mélancolie à une souffrance physique, en avait conçu de l'inquiétude et s'était mise à le presser de questions.

Naturellement le jeune homme, voulant garder son secret aussi bien avec Madeleine qu'avec Fabien de Chatelux, s'était contenté de répondre qu'il ne souffrait nullement, et la vieille servante avait dû, quoique mal convaincue, se contenter de cette réponse.

XI

Fabien, lui aussi, s'était aperçu de la mélancolie de Paul, sans chercher, par discrétion, à en approfondir la cause, si bien que, craignant de gêner son ami, il partit pour Paris le soir même au lieu de passer deux ou trois jours à Port-Créteil, ainsi qu'il en avait formé le projet.

De cette façon le fils de Raymond se trouvait libre, et le sentiment de sa liberté lui causait une profonde allégeance.

Il se promettait d'aller, dès le lendemain matin, passer de longues heures sur la rivière aux alentours du *Petit-Castel*.

S'il l'eût osé, il y serait allé tout de suite, malgré la nuit, ne fût-ce que pour voir, ou tout au moins pour entrevoir au milieu des ténèbres la demeure de la *Fée aux Saules*.

Malgré la fatigue résultant d'une longue journée de pêche il ne ferma pour ainsi dire pas les yeux pendant cette nuit-là dont les minutes lui parurent interminables.

Debout au point du jour, il prit son bateau et fit force de rames dans la direction de la propriété du docteur Thompson.

Cette sortie hâtive n'avait d'autre but que de tromper son impatience. — Il n'espérait point que la jeune enchanteresse qu'il adorait s'offrît à ses regards, à cette heure ultramatinale où, selon toute apparence, elle dormait d'un profond sommeil.

Qu'on juge de ce qu'il dut éprouver en apercevant Marthe sur la berge, les yeux tournés vers lui.

Son cœur se mit à battre avec violence ; mais, par une singulière contradiction, ses mains manièrent les avirons avec moins de vigueur, et la marche du bateau se ralentit.

En quittant la maisonnette louée par son père il n'avait qu'une idée, qu'une ambition, qu'un rêve, voir la *Fée aux Saules*, tomber à ses genoux, lui dire qu'il l'aimait, qu'il l'adorait, et la supplier de lui rendre amour pour amour.

Maintenant qu'elle était tout près de lui, presque à portée de sa voix, il se sentait envahi par une insurmontable timidité ; — il lui semblait impossible de réaliser les projets formés un instant auparavant.

— Je ne puis pas, je ne dois pas aller dire à cette jeune fille que je l'aime... — pensait-il, — sais-je seulement si elle est libre ?

Presque aussitôt, il ajoutait :

— Oui, elle est libre, ses paroles m'ont permis de le comprendre, mais je n'oserai jamais lui faire l'aveu de mes sentiments... Si elle allait les repousser... si elle allait m'arrêter dès les premiers mots ?...

Et, ses poignets faiblissant de plus en plus, les avirons pendaient inertes ; — si le bateau avançait encore c'était par l'impulsion de la vitesse acquise, mais cette vitesse diminuait, et l'embarcation courait grand risque de s'arrêter tout à fait et même de reculer, entraînée au fil de l'eau.

Les yeux de Paul cependant ne quittaient pas la *Fée aux Saules* qui l'avait reconnu de loin et qui, l'une de ses mains appuyée sur son cœur pour en comprimer les battements, attendait sa venue.

Marthe dans son immobilité, dans sa pose à la fois si naturelle et si gracieuse, ressemblait à la plus exquise des statues.

Soudain Paul tressaillit et devint très pâle.

Il ressentit une commotion morale si violente qu'elle réagissait douloureusement sur le physique.

Un homme jeune encore, que l'épaisseur des feuillages du petit parc avait caché jusqu'à ce moment, et dont la distance ne lui permettait pas de distinguer les traits, venait d'apparaître à l'improviste derrière la *Fée aux saules* qui, sans le moindre doute, ne se doutait point de son approche.

Pour l'avertir de sa présence il lui toucha l'épaule.

Marthe se retourna vivement avec une expression d'effroi, mais rassurée aussitôt elle tendit en souriant la main à celui qui venait la surprendre et, se haussant un peu sur la pointe des pieds, lui présenta son front qu'il effleura de ses lèvres en se penchant vers elle.

La vue de ce baiser fit courir un frisson sur la chair de Paul.

La jalousie le mordait au cœur.

— Cet homme paraît trop jeune pour être son père... — se dit-il avec un accès de rage folle. — Est-ce son mari?... Est-ce son amant?...

A peine avait-il eu le temps de se poser cette question insoluble qu'il vit la jeune femme placer son bras sur celui que lui offrait le nouveau venu et disparaître avec lui sous les arbres, en jetant en arrière du côté de la Marne un regard dont il ne put saisir l'expression désolée.

Ce que Paul ne pouvait savoir, nos lecteurs le savent déjà.

Le nouveau venu n'était autre que Jacques Lagarde, autrement dit le docteur Thompson qui, arrivant au *Petit-Castel* et ne trouvant point Marthe à l'habitation, avait pris le parti de se mettre à sa recherche, dans le parc, recherche couronnée d'un prompt succès.

— Déjà debout, chère enfant !! — lui dit Jacques, — je ne vous croyais pas si matinale...

Marthe, surprise dans son amoureuse rêverie, éprouva un embarras passager, mais elle était trop fille d'Eve pour ne point se remettre bien vite et pour ne pas posséder cet art que toutes les femmes possèdent, l'art de dissimuler.

— J'ai mal dormi cette nuit, monsieur le docteur, — dit-elle, — je me suis levée de bonne heure et je respirais avec délices l'air frais du matin.

— Que regardiez-vous donc avec une attention si grande ? — continua Jacques Lagarde.

— Une barque... celle d'un pêcheur qui levait ses filets. Je voulais voir s'il prenait du poisson.

Cette réponse était plausible.

Le pseudo-Thompson, quoiqu'il fût d'une nature soupçonneuse, s'en contenta.

— Mais vous, monsieur le docteur, — dit Marthe à son tour, — il a fallu que vous soyez bien autrement matinal que moi pour vous trouver à pareille heure au *Petit-Castel*...

— Je suis venu de grand matin, c'est vrai, — je

voulais m'assurer *de visu* que les travaux avancent.

— L'entrepreneur m'a dit hier qu'ils seraient complètement terminés ce soir...

— C'est ce qu'il m'a répété tout à l'heure...

— Et, — demanda Marthe d'une voix un peu hésitante, — vous venez, j'espère, passer la journée avec moi ?...

— Je viens vous chercher, chère enfant, et nous allons retourner ensemble à Paris...

En entendant ces mots la fille de Périne ne put réprimer un tressaillement.

Jacques sentit trembler le bras qui s'appuyait sur le sien.

— Qu'avez-vous donc ? — demanda-t-il en faisant halte et regardant Marthe fixement, les yeux dans les yeux.

— Mais je n'ai rien... — balbutia-t-elle... — absolument rien...

— Vous avez quelque chose... — un frisson soudain vous a secouée et vous voilà toute pâle...

— Je vous assure...

— Pourquoi me cacher votre pensée ? — interrompit Jacques. — Soyez franche... Cette idée de retour à Paris vous est désagréable... Elle vous effraye...

— Mais non, monsieur le docteur, je vous l'affirme... — Si j'ai eu un mouvement que vous avez remarqué... si j'ai pâli, ce qui est possible, en vous entendant me dire que vous veniez me chercher, ce n'est point par effroi... C'est par inquiétude...

— Inquiétude de quoi ?

— J'ai pensé tout à coup que j'allais avoir à faire mon entrée dans votre hôtel, moi pauvre fille, au milieu d'un luxe et d'un monde brillant qui me sont inconnus, où je me trouverai dépaysée et peut-être ridicule...

— Ridicule, ma chère enfant, vous ne pouvez pas l'être ! — répliqua Jacques Lagarde en souriant malgré lui de la naïveté de Marthe ; — quant au monde qui vous épouvante, vous y serez vite acclimatée...

— J'aime passionnément la campagne, et je m'habituais à l'existence si calme et si douce que je menais ici, grâce à vous...

— Bref, vous regrettez de quitter cette existence champêtre ?

— J'en conviens.

— Je regrette donc, chère enfant, de ne pouvoir vous laisser la continuer indéfiniment, car je désire par-dessus tout vous être agréable ; mais votre retour à Paris est nécessaire. — Je veux que vous partagiez avec ma cousine Angèle la direction de ma maison.

— Je ferai de mon mieux, — balbutia Marthe, — et je tâcherai de justifier la confiance que vous voulez bien me témoigner.

— Rien ne vous retient d'ailleurs ici... — dit Jacques pris d'un soupçon au moment précis où la fille de Périne parlait de confiance.

— Oh! rien!! absolument rien!! — répondit vivement l'orpheline pour cacher son trouble.

— Alors vous ne regretterez pas longtemps le *Petit-Castel*, car à Paris votre vie sera si bien remplie qu'il n'y aura point de place pour l'ennui! D'ailleurs, puisque vous vous plaisiez au *Petit-Castel*, je vous promets que nous y reviendrons de temps en temps.

— Sera-t-il encore ici, LUI, quand nous reviendrons? — se demanda Marthe; puis, tout haut : — Et quand partirons-nous, monsieur le docteur?

— Dès que vous aurez fait votre malle et que vous serez habillée... J'ai une voiture qui nous conduira...

— Je vais donc me préparer à l'instant.

— Tout à l'heure... — Nous avons encore à causer...

— Causer? — répéta Marthe surprise, et vaguement inquiète. — De quoi?

— Vous allez le savoir, chère enfant...

Le docteur et la jeune fille étaient arrivés, non loin de l'habitation, sous un groupe de tilleuls séculaires couvrant de leur ombre un banc rustique.

— Asseyez-vous là, Marthe, — continua Jacques

en désignant le banc, — et veuillez m'accorder toute votre attention.

La quasi-solennité de ce début inquiétait l'orpheline.

Elle se demandait si le docteur n'avait point deviné le secret de son amour naissant? — Elle commençait à craindre d'avoir été trahie par son émotion, ses réticences et ses mensonges.

Jacques Lagarde venait de la prier de s'asseoir... — Elle obéit.

— Chère enfant, — lui dit-il en attachant sur elle un regard dont elle aurait trouvé l'expression étrange si elle n'avait eu les yeux fermés, — vous êtes très jeune, vous êtes très belle, par conséquent vous rencontrerez sur votre chemin nombre de gens qui se prendront d'amour pour vous...

Marthe devint pourpre.

— Oh! monsieur le docteur... — bégaya-t-elle.

— Laissez-moi continuer, ma chère Marthe. — Vous allez entrer dans une vie nouvelle, faire vos débuts au milieu d'un monde que vous ne connaissez pas, et contre lequel je dois vous mettre en garde.

» A Paris je recevrai beaucoup, et je ne parle pas seulement des gens qui s'adresseront à moi comme médecin, mais de ceux qui viendront comme invités à mes soirées, à mes fêtes, car les salons de mon hôtel seront souvent ouverts, et c'est vous que je chargerai d'en faire les honneurs...

— Je ne m'en tirerai jamais!... — s'écria Marthe avec un véritable effroi.

— Vous vous en tirerez à merveille, au contraire ! — répliqua Jacques Lagarde, — il ne vous faudra qu'un peu d'habitude, et votre grâce fera le reste... Je continue :

» Parmi ces invités se trouveront des jeunes gens... — Parmi ces jeunes gens, les uns froids, blasés, usés, vieux avant l'âge. — Ce sera le grand nombre. — Point dangereux ceux-là. — Les autres aussi inflammables que les premiers seront incombustibles, et leurs cœurs flamberont comme des allumettes chimiques sous les regards de deux beaux yeux.

» Le contact de ceux-là serait plein de périls pour une jeune fille de tête faible, fière de sa grâce, orgueilleuse de sa beauté, et la grande majorité des jeunes filles est ainsi ; mais ces périls je ne les crains pas pour vous dont la tête est forte, dont l'intelligence est saine et l'âme vigoureusement trempée... — Vous avez passé par l'école du malheur, qui donne de l'expérience aux plus jeunes... — Vous saurez ce que valent les propos galants des godelureaux qu'attire tout joli visage, et vous ne vous y laisserez pas prendre... — Je serai là d'ailleurs pour veiller sur vous, et j'y veillerai avec sollicitude... — Vous en êtes bien certaine, n'est-ce pas ?

— Oh ! oui, j'en suis certaine ! — répondit Marthe avec émotion, — vous êtes bon, monsieur le docteur, vous êtes généreux et je crois fermement que vous m'aimez...

— Certes, je vous aime, mon enfant, et plus encore peut-être que vous ne le pensez.

En parlant ainsi Jacques Lagarde prenait une des mains de Marthe et la pressait dans les siennes.

Sans défiance, sans arrière-pensée, l'orpheline abandonna sa main à Thompson qui ressentait pour elle, — du moins elle le croyait, une affection si profonde, si pure, si paternelle.

Le pseudo-Thompson poursuivit :

— Quoique je sois relativement jeune encore j'ai vécu beaucoup, et dans des milieux différents, ce qui me permet de connaître la vie à fond, sous tous ses aspects... — Vous possédez le don précieux, mais à certains points de vue funeste, d'une beauté exceptionnelle... — Vous serez, je vous le répète, assaillie dès votre entrée dans le monde par les empressements d'amoureux plus ou moins sincères... Il importe donc que je vous trace une ligne de conduite, une route à suivre au milieu de ces écueils qui deviendraient dangereux, très dangereux même pour toute autre que pour vous.

— Mais, — interrompit Marthe, — les dangers dont vous parlez ne m'apparaissent point clairement... Qui donc oserait me manquer de respect dans votre maison?...

— Personne, j'en suis certain ; aussi n'est-il pas question de périls pour votre honneur intact, mais pour votre cœur ingénu qui pourrait, sans le vouloir, perdre sa liberté...

Marthe, pour la seconde fois, devint pourpre en songeant au jeune homme inconnu dont l'image, depuis deux jours, remplissait sa pensée.

— Oh! monsieur le docteur, — répondit-elle d'une voix mal assurée,—cela n'est point à craindre...

— Aussi je ne le crains que dans une certaine mesure, et je ne le craindrai plus du tout si vous faites exactement ce que je vais vous dire et qui certes n'est pas difficile... — il s'agit tout simplement de jouer le rôle de la légendaire Salamandre entourée de flammes, et de passer indifférente et froide au milieu des incendies allumés par vos yeux... — Laissez-vous aimer sans aimer vous-même... — Ecoutez en souriant les déclarations, n'y répondez jamais!... Accueillez tout le monde, n'encouragez personne... — On vous accusera de coquetterie... — Tant mieux. — La coquetterie est une force, une très grande force !

XII

A mesure que Jacques Lagarde avançait dans son petit discours, une expression grandissante d'étonnement se peignait sur le visage de Marthe.

— Comment! monsieur le docteur, — s'écria-t-elle quand il eut achevé, — vous voulez que j'écoute tranquillement des déclarations, des protestations, des serments, des soupirs? en un mot que je me laisse faire la cour?

— Parfaitement bien. — Où voyez-vous du mal à cela? — répondit le médecin.

— Mais si par malheur quelqu'un de ceux dont vous parlez venait à m'aimer sérieusement?...

— Cela serait de nulle importance, puisque vous ne l'aimeriez pas...

— J'aurais eu l'air d'écouter avec plaisir ses propos d'amour en ne les interrompant point dès les premiers mots... il se croirait le droit d'espérer...

— Votre indifférence, par la suite, lui prouverait son erreur.

— Il souffrirait.

— Qu'importe ? — Ce serait sa faute et non la vôtre ! — Sur un champ de bataille on ne s'occupe des blessés que pour les envoyer à l'ambulance. Ceux qui ont fait les blessures n'en ont aucun remords... — La vie est un champ de bataille... — Encore une fois, soyez coquette... c'est le moyen d'être invulnérable ! — Voilà tout ce que j'avais à vous dire, ma chère Marthe... — Je pense que vous m'avez compris ?

— Oui, monsieur le docteur.

— Et vous obéirez à mes leçons ?...

— Je ferai de mon mieux...

— J'espère d'ailleurs que la contrainte que je vous impose ne sera point de longue durée, — reprit Jacques Lagarde, — peut-être n'aurez-vous pas besoin de la subir... — Cela dépend de certains événements qui doivent s'accomplir d'ici à peu de jours... — il se peut qu'un grand et prochain changement se fasse dans ma vie, mettant à néant tous mes projets actuels... — Alors, au lieu d'habiter l'hôtel de la rue de Miromesnil, je m'éloignerai de Paris...

— Vous vous éloigneriez de Paris... — murmura la jeune fille avec anxiété, presque avec angoisse.

— Oui, et non seulement de Paris, mais de la France...

— Pour longtemps?

— Pour toujours sans doute.

L'orpheline devint mortellement pâle et chancela.

Jacques se méprit aux motifs de l'émotion si visible et si poignante qu'elle éprouvait.

Il crut qu'elle avait peur de se voir abandonnée et de nouveau seule au monde, comme au moment de la mort de sa mère, aussi se hâta-t-il d'ajouter de sa voix la plus douce, avec des intonations caressantes et félines :

— Oh! soyez sans crainte, chère Marthe. — Quoi qu'il arrive vous ne me quitterez point... Vous ne me quitterez jamais... et... qui sait... qui sait ce que l'avenir vous réserve ?... Nous causerons de cela plus tard...

Marthe n'entendait pas...

Elle n'écoutait plus...

Sa pensée se concentrait tout entière dans l'épouvante inouïe de quitter Paris... la France...

Mais alors tout espoir serait perdu de revoir cet inconnu qu'elle aimait, — elle le comprenait bien maintenant, — de toutes les puissances de son âme...

Si cela était, son cœur se briserait dans sa poitrine et il ne lui resterait qu'à mourir...

— Vous voilà rassurée, chère enfant, — lui dit Jacques Lagarde. — Allez-vous préparer. — Je vous attends...

Marthe s'éloigna rapidement, moins pour obéir que pour cacher son trouble, son désespoir et ses larmes qu'elle sentait prêtes à jaillir.

Arrivée dans sa chambre elle se laissa tomber à deux genoux et elle éclata en sanglots.

— Mère chérie, — balbutia-t-elle au milieu des hoquets convulsifs qui secouaient sa poitrine, — ne m'as-tu donc mis au monde que pour y souffrir?

» Je t'aimais ou plutôt je t'adorais, et Dieu m'a enlevé mon premier, mon plus grand bonheur, en t'appelant à lui.

» Aujourd'hui, mon cœur ne m'appartient plus... il est rempli d'une tendresse qui ne ressemble en rien à celle que j'éprouvais pour toi, et voilà que cette tendresse me prépare une douleur nouvelle...

» Conseille-moi, mère chérie... — je n'ai d'espoir qu'en toi, qui de là haut veille sur ton enfant.

» Ce jeune homme que le hasard a mis hier en ma présence et dont je ne sais pas le nom, je l'aime et il l'ignore... — Je sens que si je ne dois point le revoir, il n'y aura plus ici-bas de bonheur pour moi, et il faut partir... il faut quitter ce pays où il demeure... il faut m'éloigner sans lui avoir dit que mon âme était attachée pour toujours à la sienne... que sa vie était ma vie!

» Oh! mère chérie, c'est trop souffrir!!... — Soutiens-moi!... console-moi!... »

Marthe pleura et pria longtemps, puis il lui sembla qu'une voix lointaine et mystérieuse répondait à son appel.

Cette voix parlait d'espérance.

L'orpheline se releva ranimée.

— Je t'ai entendue, mère chérie, — balbutia-t-elle en essuyant ses yeux. — Dieu t'a permis de me répondre... Tu m'as rendu force et courage... — Je sais que tu veilles sur moi. — J'ai confiance.

Elle termina rapidement sa malle, s'habilla et descendit.

Le docteur Thompson causait avec l'entrepreneur.

La jeune fille entendit ce fragment de dialogue :

— Ainsi ce soir tout sera fini?... — disait le médecin.

— Oui, monsieur... — Il ne me reste qu'à faire placer les portes doubles et enlever les gravats.

— Je vous prie de ne point vous éloigner de la villa avant que le travail soit terminé... — J'ai l'intention de partir demain pour le voyage dont je vous ai parlé... — Ce soir, vers six heures, mon cocher viendra prendre ici divers objets et vous lui remettrez les clefs...

8.

— C'est entendu, monsieur... Vous pouvez vous en rapporter à moi...

Jacques se tourna vers Marthe.

— Venez, ma chère enfant... — lui dit-il.

Et avec elle il sortit de la villa.

L'orpheline jeta un regard profondément triste sur l'habitation, sur le parc, sur la rivière.

De loin, à travers les branches des arbres, elle entrevit un bateau qui remontait le petit bras.

A cette vue elle sentit de nouveau son cœur défaillir.

Elle venait de reconnaître le jeune homme à qui elle laissait son âme.

La voiture qui avait amené Jacques Lagarde stationnait près le perron.

Le docteur fit monter Marthe la première et s'assit à côté d'elle.

L'entrepreneur ferma la portière, ouvrit lui-même la grille, et le cocher fouetta son cheval.

Paul errait dans son bateau sur la rivière qui entourait les deux tiers du petit parc.

Il espérait toujours une apparition de la *Fée des Saules*.

Son espoir, nous le savons, devait être déçu.

En proie à une profonde mélancolie, il rentra chez lui où Madeleine l'attendait pour lui servir à déjeuner.

Sa tristesse avait visiblement grandi depuis la veille, ce qui naturellement augmenta les inquiétudes de la vieille et fidèle servante.

Elle essaya d'interroger son jeune maître, mais il ne répondit pas ou répondit par des faux-fuyants.

Après avoir à peine mangé, il se hâta de quitter la maisonnette, remonta dans son bateau et, jusqu'au soir, il fit semblant de pêcher en face des berges du parc.

Il lui semblait à chaque instant que la forme adorée de la jeune femme allait se détacher, radieuse, sur les fonds sombres de la verdure...

Hélas! au moment où il attendait ainsi, la *Fée des Saules* ne se trouvait plus au *Petit-Castel!*

Ce même jour, à six heures, les travaux commandés par le pseudo-Thompson étaient terminés et l'entrepreneur Demichel, après avoir fidèlement accompli sa promesse, remettait les clefs de la villa au cocher alsacien qui venait d'arriver, et qui repartit aussitôt en emportant le bagage de Marthe.

Le *Petit-Castel* était maintenant désert.

Vers dix heures du soir, le même jour, par une nuit très sombre, une voiture de maître attelée d'un bon cheval s'arrêta devant la grille fermée.

Un homme en descendit, ouvrit sans bruit cette grille avec une clef qu'il tira de sa poche, et dit au cocher :

— Entre au pas...

Un instant après la voiture faisait halte de nouveau près du perron.

Le cocher mit pied à terre.

— Faut-il remiser la voiture et conduire le cheval à l'écurie ? — demanda-t-il.

— Non... — C'est tout à fait inutile... — Nous n'en avons que pour peu de temps... — Prends les clefs qui sont dans la voiture, et ouvre... Moi je me charge du paquet...

Après avoir pris le trousseau de clefs placé sur un des coussins du coupé, le cocher gravit les degrés du perron et ouvrit la porte principale.

Derrière lui venait son compagnon portant une boîte de forme oblongue fort encombrante, car elle n'avait pas moins d'un demi-mètre de longueur, et quarante centimètres environ de largeur et de hauteur.

Le cocher pénétra le premier dans le vestibule noir comme un four.

Il tira de la poche de son vêtement de livrée une lanterne sourde de petit modèle, écarta la plaque de métal qui la fermait, et la lumière jaillit aussitôt, éclairant les visages.

L'homme qui portait la boîte était Jacques Lagarde, et celui qui l'accompagnait, faisant fonction de cocher, était Pascal Saunier déguisé par l'application d'une paire de favoris touffus.

— Déposons d'abord ceci dans l'armoire de l'office, — dit Jacques, — nous verrons ensuite si tout est en ordre...

Pascal ouvrit la porte de la salle à manger, jetant un coup d'œil sur le travail qui y avait été fait, puis celle de l'office, et Jacques plaça sa boîte dans un placard qu'il referma et dont il retira la clef.

— Allume donc quelque chose... — fit-il ensuite, — avec cette lanterne on n'y voit goutte...

Pascal alluma les bougies d'un flambeau à deux branches.

— A la bonne heure ! — continua Jacques. — Maintenant, examinons les travaux... — Voilà l'orifice du tuyau qui établit une communication invisible entre l'office et la salle à manger... — Il est impossible de se douter de son existence, tant le raccord a été bien fait... — Voyons les portes...

Après avoir examiné les verrous, il poursuivit :

— De ce côté, cela paraît solide. — Nous ferons une expérience tout à l'heure... — Passons à la salle à manger.

Il étudia le système de fermeture à secret et sembla satisfait.

— Enferme-toi dans cette pièce... — commanda-t-il à Pascal — je vais sortir et, quand je frapperai depuis le dehors au volet de cette fenêtre, tu crieras le plus fort que tu pourras, comme si tu appelais à l'aide... — Est-ce compris?

— C'est compris... — répliqua Pascal. — Va...

Jacques sortit et alla frapper au volet de la salle à manger, contre lequel, aussitôt après, il appliqua son oreille.

Il écouta pendant quelques instants, frappa de nouveau et écouta encore.

— Je n'entends absolument rien... — murmura-t-il en rentrant dans la villa et en regagnant la salle à manger.

— Tu as crié? — demanda-t-il à Pascal qui répondit :

— De toutes mes forces, — à m'en donner une extinction de voix. — Tu n'as rien entendu?

— Rien. — L'épreuve est satisfaisante. — Descendons au sous-sol...

— Tous les deux descendirent.

On ouvrit les portes doublées de fer. — On fit jouer les ressorts, et de leur examen attentif résulta la certitude que toutes choses étaient exécutées avec le soin le plus consciencieux.

Aucun détail ne laissait à désirer.

De l'office on passa dans le cellier dont on avait muré la fenêtre.

L'anneau de fer se trouvait solidement scellé dans la muraille.

— Nous allons recommencer ici l'épreuve de tout à l'heure... — reprit Jacques. — Enferme-toi, et dès que j'aurai frappé au mur, pousse des cris de Mélusine!! S'il en résulte une extinction de voix complète, — ajouta-t-il en riant, on la soignera...

La seconde expérience fut aussi satisfaisante que la première.

Jacques rejoignit Pascal.

— Il y a nécessairement dans la cuisine des bassins de zinc et des seaux, — reprit-il ; — fais-moi le plaisir de les prendre et de les apporter ici...

Pascal obéit et rapporta deux grands *bains de pied* en zinc et trois seaux.

— Voilà un robinet qui donne de l'eau en abondance, continua le pseudo-Thompson en désignant de la main le robinet de cuivre placé au-dessus d'une large pierre creusée en forme de cuvette, — c'est bien... — A cette heure nous allons prendre la suspension et l'accrocher à ce piton...

Le piton dont parlait Jacques se trouvait vissé juste au point central du plafond.

Au-dessous se dressait sur ses pieds massifs la table de chêne de l'office.

— Quand nous aurons fini, — dit Pascal, — je pense que tu voudras bien m'expliquer ce que tu comptes faire ici, et quels sont les motifs de tout ce déménagement...

— Je n'aurai rien à t'expliquer... tu verras demain par tes propres yeux... — répliqua Jacques. — En attendant, viens me donner un coup de main.

Les deux complices montèrent au fumoir, petite pièce très coquettement meublée qu'éclairait le soir une suspension de cuivre à chaînettes et à contrepoids.

Ils la détachèrent et vinrent l'accrocher au piton qu'avait désigné Jacques Lagarde.

— La lampe est-elle prête à allumer? — demanda celui-ci.

— Oui.. — répondit Pascal après examen. — Elle est pleine d'huile et la mèche est neuve...

— Parfait! — Il ne reste plus qu'à aller chercher le paquet resté dans la voiture...

— J'y vais...

Pascal disparut et rentra bientôt portant un paquet auquel une forte toile brune servait d'enveloppe, et que serraient des cordelettes entre-croisées.

XIII

Jacques dénoua les cordelettes, ouvrit la toile et en tira deux vêtements de caoutchouc noir, semblables pour la forme à ceux que revêtent les pêcheurs quand ils vont jeter l'épervier, et se nouant au poignet, aux chevilles et au cou.

A ces vêtement étaient jointes deux paires de bottes de voyage fourrées, qu'on pouvait mettre sans être obligé de quitter les chaussures que l'on portait.

Le docteur ouvrit un placard, y plaça les divers objets que nous venons d'énumérer, ensuite il tira de sa poche un petit paquet de bandes de toile blanches pareilles à celles dont les médecins se servent pour les pansements, et un flacon bouché à l'émeri.

— Bandes et flacons furent déposés dans le même placard qu'il referma.

— Remontons... — dit-il alors, — et ne laissons rien d'ouvert derrière nous...

Les deux hommes regagnèrent le rez-de-chaussée.

Jacques y jeta un dernier coup d'œil, et s'écria d'un ton joyeux :

— Tout va bien !... En route !...

Quelques minutes plus tard les portes du *Petit-Castel* étaient soigneusement closes, et la voiture roulait sur la route de Gravelle à Charenton.

A Charenton, Pascal prit à droite et remonta vers le bois de Vincennes.

Arrivé au milieu du bois, il s'arrêta, descendit du siège et jeta un rapide coup d'œil autour de lui.

La route était déserte, l'obscurité profonde, le silence absolu.

Pascal enleva en un tour de main son chapeau, sa perruque, ses favoris postiches, son ample pardessus de livrée et tendit ces divers objets par la portière à Jacques qui les déposa dans le coffre de la voiture ; il eut soin de refermer ce coffre après en avoir tiré un petit chapeau de fantaisie dont se coiffa Pascal. — Ayant ainsi repris son apparence habituelle, le jeune homme remonta sur le siège et fouetta le cheval vigoureux qu'il conduisait.

En quelques minutes le coupé, traversant le bois, gagna Saint-Mandé et l'avenue de Vincennes.

A deux heures du matin, le docteur Thompson et

son secrétaire, Pascal Rambert, rentraient à l'hôtel de la rue Miromesnil, où l'Alsacien mettait le cheval à l'écurie et la voiture sous la remise.

**

Malgré la tristesse profonde qu'elle ressentait de quitter le *Petit-Castel* où elle laissait son cœur à un inconnu, Marthe avait éprouvé un réel plaisir en retrouvant Angèle.

L'ex-marchande à la toilette, suivant avec docilité les instructions, pour ne pas dire les ordres de Jacques et de Pascal, s'était répandue en protestation de sympathie et en caresses de bienvenue pour l'orpheline, dont elle ne pouvait, du reste, s'empêcher de subir le charme.

Elle lui avait remis les clefs de maîtresse de maison en lui faisant visiter l'hôtel de la cave au grenier.

La jeune fille, ayant toujours vécu dans des milieux modestes et presque pauvres, était émerveillée d'un luxe qui lui semblait princier et se disait que pour faire face à de pareilles dépenses, le docteur devait posséder une fortune énorme.

Angèle la conduisit en dernier lieu aux chambres qui lui étaient destinées et qu'elle réservait *pour la bonne bouche*.

Marthe fut littéralement éblouie, car les pièces

constituant son appartement personnel étaient de véritables merveilles d'élégance et de confortable.

Après s'être rendu compte de tout, la jeune fille prit la direction de la maison, mais en se réservant de recourir souvent à l'expérience d'Angèle et de lui demander des conseils, surtout lorsqu'il s'agirait de commander les repas, et de varier les menus de manière à exciter l'appétit des convives.

Bref, — chose rare ! — les deux femmes s'entendaient à merveille et aucun nuage ne paraissait devoir s'élever entre elles, mais cette bonne harmonie ne pouvait enlever du cœur de Marthe les souvenirs où elle se complaisait avec une sorte de volupté douloureuse.

Dès qu'elle se fut retirée dans son appartement et qu'elle s'y trouva seule, elle se mit à pleurer, et ce ne fut qu'à une heure assez avancée de la nuit qu'elle put goûter un peu de repos.

Jacques et Pascal, quoiqu'ils se fussent couchés tard, s'étaient levés de bon matin, et causaient dans le cabinet du docteur.

Leur conversation roulait principalement sur les réclames éditées par les journaux du matin.

Ces réclames, très habilement faites et payées fort cher, assignaient une date fixe à l'ouverture de la clinique du docteur Thompson, spécialiste américain distingué, inventeur d'une méthode infaillible pour combattre une maladie, fléau de notre époque surmenée, l'ANÉMIE, et pour en triompher en fort peu de temps.

Le docteur Thompson, — ajoutait la réclame, — comptait à son actif des succès innombrables, et pas un seul insuccès à son passif.

Les articles dont Jacques avait donné le canevas et les formules scientifiques, et que Pascal avait rédigés avec une certaine élégance de style qui lui était naturelle, devaient produire une sérieuse impression sur le public parisien.

— Dans huit jours, — dit Jacques, — je recevrai mes clients, quel que soit le résultat de ce que nous allons tenter... — Nous verrons ensuite à prendre un parti...

— Comptes-tu positivement devenir possesseur du TESTAMENT ROUGE ? — demanda Pascal.

— Certes ! — Si je n'y comptais point je n'aurais pas poussé comme je l'ai fait les travaux du *Petit-Castel*.

— Ces travaux, j'en ai compris le but en partie. Mais je ne comprends absolument rien à nos opérations de la nuit dernière...

— Je te répète que des explications seraient inutiles... — Tu verras par tes propres yeux. — Maintenant occupons-nous de choses urgentes... — Il est nécessaire d'augmenter le personnel de la maison...

— Les domestiques sont dangereux... — répondit Pascal.

— Dangereux, soit, mais indispensables... D'ailleurs il ne se passera rien de suspect ici ; rien même de mystérieux... — Nous vivrons en pleine lumière... — Qu'aurions-nous donc à craindre ? — Ne cachant quoi que ce soit, nous ne pouvons redouter les indiscrétions... — Il faut un valet de pied très décoratif qui soit à demeure dans le vestibule, un valet de chambre pour le service intérieur, et un jeune garçon, un PAGE, pour introduire les clients dans mon cabinet... — La livrée de valet de pied doit être brillante, habit bleu à la française avec aiguillettes bleu et or, gilet et culottes de panne rouge, bas de fil d'Écosse blanc bien tirés sur les mollets (les mollets sont indispensables). — Le valet de chambre portera l'habit noir et la cravate blanche, et le page la veste ronde, de forme anglaise, à trois rangs de boutons sur le plastron...

— Je me charge de tout cela... j'ai même un page en vue... un enfant de treize à quatorze ans, fort gentil et de bonne mine... — Quant aux femmes, que décides-tu ?

— Il nous faut une cuisinière très capable, un vrai cordon bleu...

— On le trouvera. Et ensuite ?

— Personne autre... L'Alsacienne servira de femme

de chambre à Marthe et à Angèle. — Les jours de réception, nous prendrons un maître d'hôtel et des valets de supplément... Cela se fait partout... Maintenant, il s'agit de combiner un plan pour que le libraire Fauvel vienne ce soir sans défiance au *Petit-Castel.*

— Ne lui as-tu pas dit que tu aurais recours à ses lumières pour une expertise?

— Parfaitement ; mais lui donner rendez-vous la nuit serait le comble de la maladresse... — Il pourrait se défier...

— Invite-le à dîner ici, et après dîner nous partirons avec lui pour le *Petit-Castel.*

— Mauvaise idée ! — répliqua Jacques en haussant les épaules, — il ne faut pas qu'on le voie ici aujourd'hui, si on ne doit plus le revoir...

— C'est juste.

— J'ai une idée, mais pour la mener à bien nous aurons besoin de la collaboration d'Angèle. — Nous pouvons compter sur elle, n'est-ce pas ?

— Autant que sur nous-mêmes. — Je réponds d'Angèle comme de moi. — Elle n'a point de scrupules, et son idée fixe est de nous voir très riches, convaincue qu'elle partagera notre fortune, ou du moins la mienne. — Quant aux moyens de nous enrichir, tous lui semblent bons pourvu qu'ils soient sûrs... — Le jour où nous aurions besoin qu'elle nous prête main forte pour n'importe quoi, elle le ferait sans hésiter...

— C'est bien... — veux-tu sonner?...

Pascal appuya sur le bouton d'une sonnette électrique.

L'Alsacienne se présenta.

Jacques lui dit :

— Allez prévenir madame Angèle que nous serons reconnaissants si elle a la complaisance de venir nous retrouver ici...

Quelques minutes plus tard l'ex-marchande à la toilette entrait dans le cabinet du docteur.

— Bonjour, cousin ! — fit-elle en riant et en tendant la main à Jacques Lagarde. — Vous me demandez ?...

— Oui, ma chère Angèle... — répliqua le pseudo-Thompson.

— Aurais-je la chance de pouvoir vous être bonne à quelque chose ?

— Vous avez cette chance... — Nous allons avoir, aujourd'hui même, sérieusement besoin de vous...

— Ah ! ah ! — s'écria l'amie dévouée de Pascal avec une expression joyeuse. — Entrons-nous donc enfin dans la période de l'action ? — Cent fois tant mieux, surtout si vous ne me laissez pas trop au second plan... — Je vaux mieux que ça, parole d'honneur ! ! — De quoi s'agit-il ?

— Nous aurons aujourd'hui quelqu'un à dîner.

— Mais c'est Marthe que vous avez chargée de tout diriger à l'intérieur...

— Marthe n'a rien à voir dans le dîner que je compte offrir ce soir à l'un de mes amis...

— Il n'aura donc pas lieu à l'hôtel?

— Il aura lieu là-bas...

— Au *Petit-Castel?*

— Oui. — Quand nous arriverons, vers sept heures du soir, tout devra se trouver prêt... — le couvert dressé, les fenêtres ouvertes, comme si la maison était habitée...

— Facile... — Qui dois-je emmener?

— Personne...

— Ça ne sera pas si facile que ça, alors!! — C'est à peine si j'aurai le temps de me procurer des provisions là-bas... en supposant que j'en trouve. — Ce qui ne me paraît nullement prouvé...

— Inutile de vous procurer au *Petit-Castel* quoi que ce soit. — Vous prendrez une voiture, vous passerez chez un grand marchand de comestibles, et vous emporterez les éléments d'un dîner complet, boîte de soupe à la tortue que vous n'aurez qu'à faire réchauffer, foies gras truffés, volaille, primeurs, fruits, tout ce qu'il faut enfin, pour réjouir l'âme d'un gourmet. — Quant aux vins vous n'avez pas à vous en occuper... — la cave est suffisamment garnie...

— Compris. — Tout sera prêt...

— Et surtout, — ajouta Jacques en soulignant en quelque sorte par l'intonation les derniers mots de sa phrase, — surtout *ne vous étonnez de rien là-bas...*

— Je ne m'étonne que d'une chose, — répliqua vivement Angèle, — c'est que vous n'ayez pas déjà dans la main la fortune entière du feu comte de Thonnerieux.

— Nous ferons ce soir un pas, ma chère cousine, pour nous rapprocher de cette fortune...

— Alors, — dit avec un sourire cynique l'ex-marchande à la toilette, — alors c'est un dîner d'*adieu* que vous allez offrir à votre ami.

— Quelque chose comme cela...

— Parfait ! je vais me hâter... — Les clefs du *Petit-Castel ?*

— Les voici.

Jacques prit les clefs dans un des tiroirs de son bureau et les lui présenta en ajoutant :

— Partez-vous tout de suite ?

— *Illico !* — Je déjeunerai dehors, pour me mettre en avance... — Je vais m'habiller, sortir, fréter une voiture, passer chez le marchand de comestibles, prendre mes provisions et filer vers le *Petit-Castel*... — J'emporterai tout, même du pain...

— Vous faut-il de l'argent ?

— Non... j'en ai.... — Nous compterons plus tard...

— Ne ménagez rien...

— Soyez tranquille.

— Un mot encore... — Marthe vous demandera certainement où vous allez... — Trouvez un prétexte à votre absence...

— Je dirai à Marthe que je vais visiter une de mes amies à Versailles, et que j'y coucherai peut-être... — Ce n'est pas plus malin que ça !

— Ah ! je vois qu'avec vous on peut être tranquille... Au revoir, cousine !... — A ce soir !...

— A ce soir... — Et je vous promets un dîner à vous en lécher les doigts jusqu'au coude ! — comme on dit dans le grand monde...

Angèle embrassa Pascal, serra la main de Jacques et sortit comme un tourbillon.

— Elle ne demande qu'à marcher, tu vois ! — fit l'ex-secrétaire du comte de Thonnerieux.

— Oui, et j'en suis fort aise. — Ce sera une précieuse auxiliaire... — Songeons maintenant à Fauvel... Combien nous faut-il de temps pour aller en ligne directe de Paris au *Petit-Castel* avec notre voiture ?

— Une heure et quart.

— Il faut donc prévenir Fauvel qu'à cinq heures et quart on ira le prendre chez lui...

— Le prévenir comment ?

— Par un mot?

— Non. — Ecrire serait une lourde sottise. — Une lettre se retrouve et vous compromet... — L'Alsacien ira.

— Eh bien, si tu veux suivre mon conseil, fais-lui donner rendez-vous de ta part dans un café quelconque où nous le prendrons.

— Tu as raison... — Ça vaut mieux que de montrer notre voiture à sa porte.

— Une réflexion... — l'Alsacien aura vu le bonhomme... Ce sera déjà trop...

— C'est vrai, mais comment faire?

— Voici ! — Fauvel, m'as-tu dit, demeure au troisième étage...

— Oui, et son nom est sur la porte.

— Eh bien, j'irai moi-même, je monterai chez lui sans m'adresser au concierge et je le préviendrai que nous le prendrons ce soir, à cinq heures, à un café quelconque où nous ne serons même pas obligés d'entrer... — Il suffira de faire un signe à notre homme... — Laisse-moi du reste arranger tout cela et nous n'aurons absolument rien à craindre.

— Quand iras-tu?

— Tout de suite... — Je rentrerai pour déjeuner...

— Va donc, et surtout sois prudent !

XIV

Pascal fit rapidement sa toilette et prit le chemin de la rue Guénégaud ; à dix heures précises il sonnait à la porte du logement d'Antoine Fauvel.

Le bouquiniste vint ouvrir, et demanda au jeune homme qu'il ne connaissait pas ce qu'il désirait.

— Je suis le secrétaire du docteur Thompson, — répondit Pascal, — et c'est lui qui m'envoie...

— Donnez-vous la peine d'entrer, monsieur, fit le bouquiniste en s'effaçant pour laisser passer le visiteur. — Je devine ce qui vous amène. — Le docteur est furieux contre moi, et vous venez de sa part m'adresser des reproches...

— Des reproches ? — répéta Pascal, — Pas du tout, monsieur. — Qui peut vous pousser à croire cela ?

— J'avais promis de lui envoyer hier les ouvrages

commandés par lui, et des affaires survenues au dernier moment m'ont empêché de lui tenir parole.

— Il ne s'agit point de ce retard...

— De quoi donc, alors?

— De l'expertise dont le docteur vous a parlé...

— Ah! très bien... — Je me souviens... — Une bibliothèque à vendre dans une propriété aux environs de Créteil. Est-ce que le jour de cette expertise est fixé?

— Elle aura lieu demain matin.

— Bravo!... ça me va parfaitement... Je suis prêt à me rendre au désir exprimé par le docteur Thompson, mon très estimé client... — Il m'avait dit que nous partirions la veille pour sa maison de campagne où nous coucherions...

— Son intention est toujours la même... — Il vous prie donc de vous tenir prêt à aller dîner avec lui à sa villa...

— Je suis prêt... — A quelle heure le rendez-vous pour partir?...

— A cinq heures précises...

— En quel endroit?

— Désirez-vous qu'on vienne vous chercher ici?

— Nullement... — J'ai des courses à faire qui me tiendront dehors une partie de la journée... — Je dois me trouver à quatre heures et demie boulevard de Strasbourg... — Voulez-vous que j'attende le docteur au café du Dix-Neuvième Siècle ?

— Cela lui conviendra, j'en suis sûr.

— Alors, c'est convenu. — Je serai là quelques minutes avant cinq heures, assis à la terrasse...

— Le docteur ne vous fera point attendre... il est l'exactitude en personne...

Pascal se retira et Fauvel s'apprêta pour aller faire les courses qui l'appelaient hors de chez lui.

Avant de sortir il appela Gendrin, son ouvrier.

— C'est demain dimanche, — lui dit-il, — je suppose que vous ne comptez pas travailler.

— Non, monsieur... j'ai projeté avec ma femme d'aller voir notre petite fille qui est en nourrice près de Melun... et même, si vous pouviez vous passer de moi, nous aurions bien désiré partir aujourd'hui...

— Rien ne s'y oppose, — répondit Fauvel. — Partez tout de suite si vous voulez... — votre besogne est avancée et rien ne nous presse... — Seulement, lundi, dès le matin, soyez ici... — Je dois, précisément lundi, m'absenter pour quelques jours, et j'aurai des recommandations à vous faire...

— Je serai ici lundi avant huit heures.

— C'est cela... — Avez-vous besoin d'argent ?

— Dame ! si vous vouliez m'en donner, monsieur, ça ferait bigrement mon affaire. — On pourrait acheter un joujou à la moucheronne, faire un petit cadeau à la nourrice, et ma femme serait bien contente...

— Tenez, voici cent francs.

Gendrin prit le billet bleu que Fauvel lui tendait, et remercia avec effusion.

— Maintenant, allez-vous-en, — reprit le bouquiniste. — J'ai à sortir et je veux fermer la porte derrière vous.

— Tout de suite, monsieur... — le temps de passer mon paletot, et je décampe...

Cinq minutes après, Fauvel poussait les solides verrous dont la porte de service était garnie.

Au moment de quitter lui-même son appartement, il s'arrêta.

— Ah! — murmura-t-il, — j'allais oublier le volume promis au docteur Thompson...

Il alla prendre dans la chambre noire les *Mémoires du comte de Rochefort* qu'il glissa dans la poche du côté de son pardessus, puis, après avoir tout refermé soigneusement, il sortit.

Devant la loge de la concierge il fit halte avec l'intention de prévenir qu'il ne rentrerait que le lendemain soir.

Il trouva la porte fermée et la loge vide.

Un peu contrarié dans le premier moment, il ne tarda point à se dire :

— La bonne femme est allée cancaner dans le voisinage ; mais peu importe, elle a sa clef. — Demain matin elle ira faire ma chambre comme d'habitude, et verra bien que je ne suis pas rentré.

Et il s'éloigna.

Raymond Fromental, nous l'avons dit, avait envoyé ses sous-ordres surveiller les différentes bibliothèques de Paris.

Lui-même, avec deux hommes qu'il honorait d'une confiance toute particulière, Pradier et Bouvard, s'était installé depuis deux jours à la Bibliothèque nationale.

Pendant ces deux jours, aucun incident ne s'était produit.

On aurait pu croire que les pilleurs de livres se doutaient de la surveillance établie et s'abstenaient de toute tentative.

— Il ne faut pas que cet insuccès nous décourage... — disait Raymond à ses hommes. — Nous reviendrons, sans nous lasser, jusqu'à ce que nous ayons pincé les voleurs. — En attendant, redoublons de surveillance...

A dix heures, le samedi, au moment où la Bibliothèque de la rue de Richelieu ouvrait ses portes à ses lecteurs, trois hommes franchissaient l'un après l'autre le seuil de la salle de travail et, après avoir échangé une sorte de mot de passe avec l'employé placé à l'entrée, recevaient de lui des bulletins personnels.

Ces trois hommes, d'âges différents, étaient vêtus proprement, mais sans la moindre élégance, comme le sont d'habitude les gens qui viennent faire des recherches ou compléter leurs études dans les bibliothèques.

Tous les trois portaient des lunettes.

Tous les trois avaient sous le bras gauche de vastes portefeuilles bourrés de papiers.

C'étaient Raymond, Pradier et Bouvard.

Bouvard se plaça au premier banc, à l'entrée du côté droit.

Pradier s'assit, du côté gauche, au banc correspondant.

Raymond se dirigea vers l'estrade des conservateurs et, après avoir parlé tout bas à l'un d'eux pendant quelques secondes, alla s'installer à la première place de l'un des bancs les plus rapprochés de l'estrade.

De cette façon il pouvait communiquer du regard avec les conservateurs ce qui, dans les circonstances particulières où on se trouvait, suppléait à la parole d'une façon très suffisante;

Selon les règlements de la Bibliothèque et comme si, au lieu d'être des observateurs, les nouveaux venus étaient de simples travailleurs, chacun d'eux alla se faire délivrer un bulletin de demandes et sur ce bulletin écrivit le titre d'un ouvrage qu'il désirait obtenir en communication.

On leur apporta ces ouvrages et ils se mirent à les feuilleter, faisant semblant de prendre des notes, mais en réalité regardant à droite et à gauche, et examinant tout ce qui se passait dans la salle de travail.

Cette salle se garnissait peu à peu de monde.

Vers une heure de l'après-midi on y pouvait compter au moins deux cents travailleurs de tout âge, depuis les vieux savants compilant des ouvrages ignorés et barbares, jusqu'aux petits journalistes venant y chercher des sujets d'articles et de vieilles anecdotes à rajeunir. Il y avait même, dans le nombre, trois ou quatre femmes.

Malgré cette affluence de lecteurs un profond silence régnait dans l'immense pièce, silence troublé seulement par le bruit des doigts feuilletant les pages, des plumes grinçant sur le papier, et du pas régulier du gardien se promenant dans les espaces libres ménagés entre les bancs, et veillant au service d'ordre.

Tout ce monde ne demeurait point immobile.

C'était un va-et-vient continuel de gens demandant des volumes, interrogeant des catalogues.

Raymond ne perdait pas de vue le conservateur auquel il avait parlé en entrant ; mais aucun signe de celui-ci, aucun regard confidentiel, ne lui permettaient d'espérer qu'il serait, ce jour-là, plus heureux que les jours précédents.

Brusquement il tressaillit.

L'œil de l'observateur venait de se fixer sur lui, et pour la première fois l'expression de cet œil signifiait clairement :

— Il y a du nouveau...

Fromental se leva et, sans affectation, s'approcha de l'estrade.

Le conservateur lui dit à demi-voix :

— On vient de m'apporter la demande de communication d'un livre excessivement rare qui n'est à la Bibliothèque que depuis un mois à peu près... — Retournez à votre place et ne me perdez pas de vue... — Lorsqu'on portera ce livre au lecteur je vous ferai un signe imperceptible pour tout autre que pour vous; il vous suffira de suivre des yeux le gardien et vous saurez quel est le personnage qui semble suspect.

— Décrivez-moi ce personnage...

— Un jeune homme pâle et maigre.

— A cheveux blonds ?...

— Non... — Les cheveux sont très noirs... — Costume ecclésiastique...

— Un prêtre ! — murmura Raymond, — Il paraît impossible que ce soit le voleur...

— Le costume peut être un déguisement...

— C'est juste... — Quelle place occupe l'individu en question ?

— La place numéro 198.

— Bien. — Ne vous occupez plus de moi, et laissez-moi faire...

Raymond rejoignit sa place.

Il y prit son chapeau, son portefeuille, ses papiers, le livre qu'il avait en lecture, et il alla se placer dans le banc situé derrière celui où se trouvait le jeune prêtre, vrai ou faux, qu'on venait de lui signaler.

De ce poste il pouvait ne perdre aucun de ses mouvements. Une fois installé il ouvrit son volume devant lui et feignit de s'absorber dans sa lecture.

A côté de l'ecclésiastique en suspicion, à sa droite, se trouvait un homme d'une cinquantaine d'années, portant un pince-nez d'écaille, et décoré du ruban de la Légion d'honneur.

A sa gauche travaillait une femme de vingt-six ou vingt-sept ans, point jolie, négligemment vêtue, comme le sont la plupart des femmes qui viennent faire des recherches dans les bibliothèques.

Tous les trois paraissaient très attentifs à leur occupation.

La femme et le monsieur décoré prenaient note sur note.

Le jeune homme consultait un agenda qu'il tenait à la main.

En ce moment un employé vint lui demander son bulletin personnel, le prit et retourna à l'estrade des conservateurs.

Bouvard et Pradier, qui depuis leur arrivée dans la salle de lecture ne quittaient pas du regard Raymond, l'avaient vu se lever, changer de place, et naturellement s'étaient dit :

— Il y a du nouveau !! — Méfiance !!

Et ils échangèrent en même temps un coup d'œil significatif.

L'employé vint rapporter à l'ecclésiastique son bulletin personnel, en même temps que le livre demandé qu'il déposa à côté de lui.

Raymond vit alors l'homme et la femme assis à la droite et à la gauche du prêtre jeter sur le volume un coup d'œil rapide.

Le monsieur décoré se pencha comme pour chercher quelque chose dans son portefeuille, et prononça très bas une courte phrase que ne put entendre Raymond, ce qui ne l'empêcha pas de dire :

— A coup sûr ce sont mes voleurs... — Quel est celui des trois qui va partir avec le volume ? — Oh ! le joli coup de filet !

Et il redoubla d'attention.

Le jeune homme en costume ecclésiastique avait ouvert le livre et s'était mis à lire ; mais, tout en lisant, il trouva moyen de passer son bulletin personnel à la femme, qui lui passa le sien, après avoir froissé et fait disparaître dans sa poche celui qu'elle venait de recevoir.

Quelques instants plus tard, elle posa son volume sur la tablette, à côté du prêtre.

Celui-ci en fit autant et tous deux, pendant quelques secondes, s'occupèrent à compulser des notes prises sur des feuilles volantes.

Chacun ensuite étendit la main et reprit un volume, mais en ayant soin d'opérer l'échange, le prêtre saisissant le livre de la femme, et la femme celui du prêtre.

— C'est elle qui va sortir la première... — pensa Raymond.

Et déjà il s'apprêtait à quitter sa place quand il vit le monsieur décoré tirer de son grand portefeuille un billet personnel en blanc et le glisser au prêtre qui le glissa à sa femme.

Celle-ci prit une plume et remplit les blancs du bulletin.

Le tour était joué.

Raymond alors se leva; laissant sur la tablette tout son attirail, il se dirigea du côté de la porte de sortie et s'assit à côté de Bouvard, installé, nous le savons, au premier banc, d'où il lui lança cette brève interrogation :

— Eh bien ?...

— Nous les tenons. — Avez-vous vu où je me suis placé en dernier lieu ?...

— Oui... — derrière un prêtre.

— C'est notre voleur.

— Pas possible !

— Rien n'est plus exact, cependant. — Le monsieur décoré assis à sa droite et la femme qui se trouve à sa gauche sont ses complices. La femme est en possession du livre volé... — Elle sortira probablement la première... Je vais la suivre... Vous, Bouvard, filez l'homme décoré, et ne le quittez pas d'une semelle jusqu'à ce que vous sachiez où il demeure.

— Entendu !...

Raymond se leva de nouveau, alla trouver Pradier et lui dit :

— Nous les tenons.

— En vous voyant changer de place, je m'en suis douté... — répliqua Pradier.

— Vous voyez là-bas, sur ce banc, le jeune ecclésiastique derrière lequel je me trouvais.

— Oui.

— Quand il sortira, ne le perdez point de vue... Il est essentiel que nous sachions si c'est un vrai prêtre, — ce qui m'étonnerait bien, — et que nous connaissions son domicile...

— Entendu ! Je l'emboîterai !...

XV

Pour la quatrième fois, Raymond se leva, dit quelques mots tout bas au gardien placé près de la sortie, quitta la salle de travail, puis la bibliothèque, et alla se poster en flâneur sur l'asphalte, au coin du square Louvois, les yeux tournés vers la grande porte.

Cinq minutes tout au plus s'étaient écoulées quand ses yeux lancèrent un éclair de joie.

La voleuse franchissait le seuil.

Sans hésiter sur la direction à suivre, elle tourna à gauche et descendit la rue de Richelieu.

Raymond lui laissa gagner une avance d'une vingtaine de pas et prit chasse.

Après avoir atteint la place du Carrousel, la voleuse traversa le Pont des Arts, remonta la rue des Saint-Pères jusqu'à la rue Jacob, tourna à gauche dans cette rue et disparut dans un café de très honorable apparence.

Fromental attendit environ deux minutes, et à son tour entra dans le café.

Installée tout au fond de la salle, à la petite table occupant le coin le plus sombre, la voleuse, buvait un bock qu'on venait de lui servir.

Raymond s'assit de l'autre côté de la salle, demanda une demi-tasse, et prit un journal pour se donner une contenance.

Des consommateurs en très petit nombre peuplaient l'établissement.

Les uns jouaient au jacquet, d'autres aux cartes et aux dominos.

Quelques-uns lisaient en fumant.

Son premier bock absorbé, la voleuse s'en fit apporter un second.

Une demi-heure s'écoula ainsi.

Ces trente minutes semblèrent d'une interminable longueur à Raymond, qui touchait au but de ses recherches et qui se voyait redevenu complètement libre par le succès.

Soudain il tressaillit.

L'homme décoré de la Bibliothèque apparaissait dans l'encadrement de la porte du café.

Il jeta un coup d'œil autour de lui, aperçut sa

complice et alla s'asseoir auprès d'elle en jouant une petite comédie de rencontre fortuite.

Bouvard, lui aussi, venait de paraître.

Il vit Raymond et se dirigea de son côté.

— En voici deux, — lui dit le père de Paul. — Placez-vous en face de moi, demandez n'importe quoi, — et ayons la physionomie de gens qui causent d'affaires... — J'observe nos coquins.

— Un petit verre de fine — commanda Bouvard en frappant sur la table.

Le garçon apporta le petit verre demandé et Raymond paya aussitôt les deux consommations afin de n'être retardé par rien, quand il aurait besoin de filer celui des voleurs qui allait rester en possession du livre.

Abraham, — car c'était lui, parfaitement déguisé, — après quelques paroles insignifiantes prononcées à haute voix, baissa le ton et entama ainsi la conversation intime :

— Le dour est vait....

— Oui — répondit la femme — mille francs pour chacun de nous... chose convenue... quand toucherons-nous ?...

— A mon tomizile, ce soir, à huit heures... — Che fais aller te suite gez mon agedeur... — tonne moi le piplot.

— Le voici...

Et la femme, tirant de sa poche le précieux volume, le lui passa, en répétant :

— Ce soir, huit heures...

— Ya... — répliqua le juif en cachant le livre dans sa serviette. — Préfiens Etmond...

— Nous irons ensemble...

Raymond avait vu l'objet volé passer des mains de la complice dans celles d'Abraham.

— Suivez la femme... — dit-il à Bouvard. — Moi je vais filer l'homme pour connaître le receleur...

Et il quitta le café tout aussitôt.

Abraham appela le garçon, paya les consommations et sortit à son tour.

De l'embrasure d'une porte, Fromental le guettait.

Le juif descendit la rue Jacob, prit ensuite la rue de Seine et gagna la rue Guénégaud.

— Il y a cent contre un à parier qu'il va chez Fauvel... — pensa Raymond en allongeant le pas pour se rapprocher du voleur.

La supposition était juste.

Abraham entra dans la maison du bouquiniste, et derrière lui Raymond en franchit le seuil.

Le juif gravit trois étages et fit halte au troisième habité par Fauvel.

Raymond, passant à côté de lui, monta jusqu'au quatrième où il s'arrêta, prêtant l'oreille.

Juste en ce moment le voleur sonnait à la porte du bouquiniste.

Personne ne vint ouvrir.

Un second coup de sonnette, plus fort, resta sans réponse comme le premier.

— Pigre ! il n'y est bas !... — fit le juif assez haut pour être entendu depuis le palier du quatrième étage, — c'est empétant ! Il fautra refenir !... Pigre ! pigre !...

Et tout en grommelant il redescendit.

De son côté Raymond en fit autant.

Une fois dans la rue, Abraham marcha jusqu'au quai.

Là il parut hésiter au sujet de la direction qu'il allait suivre, mais son indécision fut de courte durée et il se dirigea vers le Pont-Neuf.

Deux gardiens de la paix stationnaient à l'entrée de la rue Dauphine.

Raymond s'élança vers eux, et exhibant sa carte, leur dit :

— Je vous requiers de me prêter main-forte... voilà un voleur que je suis depuis plus de deux heures... — Suivez-moi et attention...

Le juif marchait lentement, la tête basse, semblant réfléchir.

Fromental, que flanquaient les gardiens de la paix, le rejoignit en quelques enjambées et lui posa la main sur l'épaule.

10.

Abraham se retourna brusquement et fit un geste pour se mettre en défense, mais en reconnaissant l'homme déjà vu dans l'escalier de Fauvel, et en apercevant à côté de cet homme les képis réglementaires des sergents de ville, il comprit et devint très pâle.

— Pas un cri, pas un geste, pas une tentative de fuite ! — commanda Raymond d'une voix sourde. — Je vous emboîte depuis la Bibliothèque nationale... — Inutile de vous en dire plus long, n'est-ce pas ?...

Le juif se sentait perdu, — il voulut néanmoins essayer de lutter contre l'évidence, et commencer une explication, mais les gardiens de la paix lui coupèrent la parole en le prenant par les deux bras avec une énergie qui n'était point dépourvue de rudesse.

Quoiqu'on eût parlé bas afin d'éviter tout scandale, les passants, devinant qu'ils s'agissait d'une arrestation, commençaient à s'arrêter. — Quelques secondes encore et un rassemblement se formerait.

— Marchez de bonne volonté, — dit Raymond, — si vous voulez éviter qu'on vous ligotte !!

— Tieu t'Israël, t'Apraham et te Chacop !... — murmura le juif en levant hypocritement les yeux vers le ciel, et il se mit docilement en marche entre les sergents de ville.

— Où conduisons-nous le particulier ?... — demanda l'un de ceux-ci.

— A la Préfecture... — répondit Raymond.

Dix minutes plus tard, le juif était rendu à destination, et Raymond montait au cabinet du chef de la sûreté.

*
* *

Cinq heures du soir venaient de sonner.

Une voiture de maître s'arrêta, boulevard de Strasbourg, en face du café du XIX° Siècle.

Fauvel attendait depuis un quart d'heure, assis à l'une des petites tables de la terrasse et buvant un grog.

Il leva les yeux sur la voiture, vit le docteur Thompson en descendre et, comme il avait eu soin de payer d'avance, se leva immédiatement pour aller à lui.

— Merci de votre exactitude, cher monsieur, — lui dit Jacques après un échange de poignées de main, — montez donc...

Fauvel monta dans le coupé, où le pseudo-Thompson prit place à côté de lui.

La voiture partit.

— Avons-nous une longue route à faire ? — demanda le bouquiniste.

— Non. Dans une heure et quart au plus nous serons arrivés... Nous prendrons un verre de madère, — j'en ai d'excellent, — nous ferons un tour de promenade dans le parc en fumant un cigare de la

Havane, d'importation directe. Nous nous installerons à table à sept heures, et j'espère que vous serez content du dîner. Après le café, nouveau cigare, au frais, sous les grands arbres, et à dix heures nous nous mettrons au lit... Cet emploi de la soirée vous convient-il, cher monsieur Fauvel?

— Je serais bien difficile s'il ne me convenait pas...

— Tout est donc pour le mieux, et à demain notre expertise... — Avez-vous pensé à mon grand ouvrage?

— Lundi, sans faute, il sera chez vous...

— Et le volume rarissime que vous m'avez promis

— *Les Mémoires du comte de Rochefort?*

— Oui.

— J'ai cru vous être agréable en l'apportant, et je l'ai là, dans ma poche.

— Vous êtes un homme charmant.

La voiture marchait bon train.

Le cocher, — qui n'était autre que Pascal, rendu méconnaissable par des favoris postiches, — avait suivi les boulevards jusqu'à la place de la Bastille où il prit la rue de Lyon et gagna l'avenue Daumesnil.

A six heures vingt minutes, on arrivait au *Petit-Castel.*

Pascal descendit, ouvrit la grille, donna un coup

de cloche pour prévenir Angèle, puis il remonta sur son siège et conduisit le coupé jusqu'au perron où les deux hommes mirent pied à terre.

Angèle, fort élégamment vêtue, mais un peu rouge car elle venait d'affronter le feu des fourneaux de la cuisine, vint les recevoir.

— Ma chère cousine, — dit Jacques, je vous présente un de nos bibliophiles les plus distingués, M. Fauvel, dont je vous ai parlé déjà... — Cher monsieur Fauvel, je vous présente ma cousine Angèle. Une parente exceptionnellement bonne et dévouée, qui a bien voulu demeurer seule ici, jusqu'à ce que j'aie terminé l'installation de mon hôtel de Paris...

— Comment, madame, — s'écria Fauvel en saluant, — seule, dans une maison de campagne isolée, au bord de la rivière !...

— Mais, oui, monsieur, parfaitement ! — Seule avec une servante qui a eu la maladresse insigne de se donner hier une entorse, et ne peut m'être par conséquent d'aucune utilité...

— Et vous n'avez pas peur ?

— De quoi aurais-je peur, mon Dieu ?...

— Les journaux sont remplis d'histoires sombres, de crimes commis aux environs de Paris par toute une population de rôdeurs...

— D'abord je crois qu'il y a dans ces récits beaucoup d'exagération et puis je ne suis point craintive...

— Les portes ferment solidement... — Je possède un revolver, je sais m'en servir, et les rôdeurs seraient bien reçus, s'ils avaient la mauvaise chance de se présenter... — Je dors ici sur mes deux oreilles.

— Madame, vous êtes une héroïne.

— Je prends le compliment pour ce qu'il vaut, monsieur, et je vous en remercie quand même... — Débarrassez-vous donc de votre pardessus.

— Oui... — dit Jacques, — mettez-vous à votre aise... — Voulez-vous un chapeau de paille ?... C'est champêtre et nous sommes aux champs...

— Volontiers... — répondit Fauvel.

Angèle prit le pardessus, décrocha de l'une des patères du vestibule un grand chapeau de paille et le tendit au marchand de livres qui ne savait comment exprimer sa reconnaissance de si délicates attentions.

— Nous dînerons à sept heures, n'est-ce pas, cousine ? — demanda Jacques.

— A sept heures précises... — répliqua l'ex-marchande à la toilette, — et pour vous faire prendre patience, vous trouverez de l'absinthe et du madère dans la salle verte, sous les marronniers...

— Vous pensez à tout, cousine ! — s'écria le pseudo-Thompson en riant. — Parole d'honneur je vous admire !!

En ce moment entrait Pascal ayant repris son apparence habituelle, c'est-à-dire débarrassé de ses grands favoris et de sa longue redingote de cocher.

— Mon cher Rambert, — lui dit le docteur, vous allez venir déguster avec nous un verre de madère ou une absinthe.

Les trois hommes se dirigèrent vers la salle verte où les attendaient les apéritifs, et nous les y laisserons pour rejoindre Paul Fromental dans sa maisonnette du bord de l'eau.

La veille au matin, nous le savons, il avait vu un homme dont la distance ne lui permettait pas de distinguer les traits, mais dont la tournure était jeune, s'approcher de la *Fée des Saules* et poser ses lèvres sur son front, puis la jeune femme s'était éloignée avec lui en s'appuyant familièrement à son bras.

Alors une sensation de douleur aiguë, poignante, qu'il ne connaissait pas encore, s'était brusquement révélée à lui.

Pour la première fois la jalousie s'emparait de son cœur.

Pendant toute la journée il avait rôdé sur la Marne, dans son bateau, le long des berges du petit parc, espérant revoir Marthe.

Nos lecteurs savent déjà qu'il espérait en vain,

Marthe étant partie pour Paris en compagnie de Jacques Lagarde.

Sa nuit fut agitée, fiévreuse. — Il dormit à peine, et le lendemain Madeleine constata avec une profonde angoisse qu'il était plus pâle encore que de coutume, et qu'un large cercle de bistre estompait le contour de ses paupières.

Sûre d'avance qu'elle n'obtiendrait aucune réponse, la vieille servante ne le questionna pas ; mais elle se promit d'écrire à Raymond pour lui apprendre quel fâcheux changement s'opérait en son fils.

— La campagne, au lieu de lui être favorable, lui est pernicieuse... — se disait la brave femme, — l'air de par ici ne lui convient point... à moins qu'il n'ait quelque chagrin qu'il nous cache. — Dans tous les cas, ça ne peut durer comme ça !... — Faut que monsieur soit prévenu...

Aussitôt habillé, Paul, — cédant aux sollicitations de Madeleine qui ne voulait pas le voir sortir à jeun, — prit une tasse de lait et quitta la maisonnette.

Cette fois il ne monta point en bateau, — il suivit le chemin de halage qui borde la rivière, et du haut duquel il pouvait apercevoir l'intérieur du parc en miniature.

Il arriva en face du petit bras longeant la propriété en passant devant le groupe des marronniers à fleurs roses. Là il plongea ses regards jusqu'au fond des allées ombreuses conduisant au *Petit-Castel* qu'il apercevait à travers les feuillages.

De nouveau son cœur se serra.

Non seulement les allées offraient l'image d'un désert, mais encore toutes les persiennes de l'habitation étaient closes.

— Serait-elle partie ? — se demanda le jeune homme avec effarement.

Et il se laissa tomber, accablé, sur le gazon de la berge.

XVI

Au bas de cette berge, sur une longueur de trois cents mètres au moins, étaient amarrés cinq ou six trains de bois, vulgairement nommés *sapines*.

On devine qu'ils doivent ce nom à l'essence des bois qui les forment.

Ce sont de longs sapins grossièrement équarris, dont on forme des radeaux qui viennent des lieux de production à Paris où le commerce les achète comme matériaux de construction, et que l'on met en garage sur la Marne jusqu'au moment où ils ont trouvé acquéreur.

Alors on les fait descendre aux quais de Bercy ou d'Ivry, où on les *déchire* et où les *débardeurs* les retirent de l'eau.

Sur l'une de ces sapines un homme pêchait à la ligne, debout, tournant le dos à Paul, et ne s'inquiétant guère de ce qui se passait derrière lui.

Ce pêcheur n'était point heureux.

Le poisson s'obstinait à ne pas mordre.

A un moment donné, impatienté de ne rien prendre, il posa sa ligne sur le train de bois, se leva en sifflotant, et se mit à rouler une cigarette.

Paul, absorbé dans sa rêverie et les yeux tournés vers le *Petit-Castel*, ne l'entendait ni ne le voyait.

Il fut distrait cependant de sa contemplation et de ses pensées lorsqu'il entendit une voix prononcer son nom.

Abaissant alors ses regards vers le train, il aperçut Jules Boulenois, surnommé la Fouine, qui, en se retournant pour allumer sa cigarette, l'avait vu et reconnu.

— Comment, comment, m'sieu Paul, — s'écria la Fouine. — Vous êtes là les bras croisés, les jambes pendantes au-dessus du fil de l'eau, au lieu d'avoir une ligne à la main !!

— Ma foi, oui... — répondit Paul.

— Et pourquoi ça, donc ?

— La pêche m'ennuie.

— Oh ! ça, c'est pas possible ! — s'écria le jeune homme en escaladant la berge et en venant serrer la main du fils de Raymond. — Vous qui paraissiez si bien mordre à la chose, que j'étais fier de vous avoir pour élève ; vous qui commenciez à *ferrer* au premier coup, et qui disiez que vous y trouviez du plaisir plus qu'à n'importe quoi, vous avez été pris, comme ça, tout de suite, du jour au lendemain, d'une heure à l'autre, d'un embêtement général, rapport à la pêche à la ligne!! — Allons donc!! Allons donc!! Ça ne serait point dans la nature et je n'en crois pas un traître mot!! — Est-ce que vous êtes malade, m'sieu Paul?...

— Non, mon ami... — Pourquoi me demandez-vous cela?

— Parce que vous êtes pâlot... Vous avez l'air tout *encharibotté*... Bref, vous avez changé de mine depuis avant-hier que je ne vous ai vu. — Est-ce que le bord de l'eau serait malsain pour vous?... Dame! Ça s'est vu...

— Je ne le crois pas... — répliqua Paul.

— Cependant vous avez quelque chose... — Vous n'êtes point dans votre assiette... Ça saute aux yeux.

— Une indisposition sans importance... un malaise passager... moins que rien... Cela ne durera pas.

— A la bonne heure... — Faut vous distraire, voyez-vous. — Rien ne vaut la distraction pour remettre d'aplomb n'importe qui! — La carpe ne donne pas ce matin... — Voulez-vous que nous allions ensemble pêcher une friture de goujons sur le sable du petit bras?

— Non... merci... Pas aujourd'hui...

— Eh bien ! descendez avec moi sur le train de bois... nous causerons, et je vous apprendrai la pêche à la petite pelotte...

Paul hésita, mais une idée subite lui traversa l'esprit, celle d'interroger la Fouine au sujet du *Petit-Castel*.

Sachant que le jeune pêcheur ne quittait ni jour ni nuit les rives de la Marne, il se dit:

— Par lui je saurai peut-être quelque chose...

— Allons... allons... décidez vous... — reprit Jules Boulenois.

— Eh bien ! soit...

— Bravo !... — Descendez donc, et prenez garde de glisser... Avec vos bottines ça pourrait vous arriver, et vous fileriez sous le train comme une ablette...

La Fouine, tout en parlant, s'était laissé couler sur le plan incliné de la berge et se trouvait déjà sur la *sapine*, tendant la main à Paul, qui le rejoignit sans encombre.

— Voulez-vous prendre la ligne ? — lui demanda Boulenois.

— Non, je vous regarderai faire...

— Comme il vous plaira.

— Est-ce que vous avez passé la nuit ?

— Non... — Je suis arrivé au petit jour seulement pour amorcer *mon coup*...

— Et avez-vous été heureux?...

— Quant à ça, non, par exemple!... — Regardez donc le filet.

Paul, se penchant sur le bord du train de bois, souleva la poche en filet qui trempait au fil de l'eau.

— Vous voyez... — continua la Fouine, — deux brêmes de rien du tout et un petit barbillon... — Ça n'en vaut pas la peine... — Enfin, peut-être bien que la veine va venir..

Il lança sa ligne à l'eau.

Le fils de Raymond avait laissé retomber le filet, et ses regards se tournaient vers les berges du *Petit-Castel*.

— Ah! — dit le pêcheur à demi-voix, — je viens de sentir une *touche*... Il y a du gros poisson sur le *coup*. — Ça doit être de la carpe.

Paul ne répondait pas et regardait toujours.

— Que diable est-ce que vous examinez donc par là, monsieur Paul? — lui demanda la Fouine étonné de son silence.

— Rien de particulier... — Connaissez-vous cette propriété?...

— Quelle propriété?

— Là, en face...

— Oui, oui... parfaitement... Le *Petit-Castel*... c'est comme ça qu'on le nomme... Un de mes nombreux domaines...

— Un de vos domaines... — répéta Paul. — Comment cela ?

— Quand je passe les nuits à la pêche et que je me sens trop fatigué, je grimpe là-haut et je vais m'étendre sous les arbres, où je dors comme dans mon lit, à l'abri de la rosée... — Vous voyez bien que je fais acte de propriétaire...

— Ainsi vous êtes entré dans le parc ?

— Bien des fois... — De nuit, et même de jour...

— Mais, si l'on vous avait surpris ?

— Point de danger. — Vide, la maison... C'était avant que ça ne soit vendu...

— Ah! ça vient donc d'être vendu ?

— Oui... tout dernièrement... s'il y a quinze jours ou trois semaines, c'est le bout du monde...

— Savez-vous qui a acheté ?...

— Ma foi, non... — Tout ce que je sais c'est qu'il y a deux femmes...

— Ah ! — s'écria Paul, — deux femmes...

— Positivement, — l'une qui peut avoir dans les trente-huit à quarante-cinq ans, qui a dû être épatante dans son jeune temps, et qui n'est pas encore piquée des hannetons, je vous en fiche mon billet...

— Et... l'autre ?... — demanda vivement le fils de Raymond.

— Ah ! l'autre, c'est tout au plus, bien sûr, si elle a dix-neuf ans... — Elle doit être la fille d'un particulier très bien que j'ai vu avec elle l'autre jour au restaurant de l'Ile, où je l'avais déjà rencontré, ce particulier. — Ah ! m'sieu Paul, la belle créature !...

— Vous me croirez si vous voulez, mais je soutiens que les peintures les plus fameuses, dans les *muséums*, les peintures qui représentent les déesses et les reines, ne sont pas seulement dignes de lui attacher les cordons de ses souliers.

— Et, cette personne... si belle... vous l'avez rencontrée au restaurant de l'Ile avec un homme?

— Oui... — Le nouveau propriétaire... à ce que j'imagine...

— Êtes-vous sûr que cette jeune femme habite le *Petit-Castel?*

— Parbleu !... — Je l'y ai vue... et même je lui ai parlé...

— Vous !... Comment ?...

— J'étais allé demander si on voulait du poisson de ma pêche. — J'ai rencontré les deux femmes, la mûre et la jeune dans une allée... — J'ai étalé mes goujons... — la jeune les aurait bien pris... ils lui tapaient dans l'œil, mais la mûre m'a empêché de faire le marché. « *Vous savez bien, ma chère Marthe,* — a-t-elle dit, — *que nous avons notre dîner de ce soir et le poisson ne serait plus frais demain...* — Bref, j'ai fait chou blanc...

— Alors, elle s'appelle Marthe !!! — murmura

Paul qui ne parvenait point à cacher son émotion.

— Bien sûr, qu'elle s'appelle Marthe !!! — Ah ça ! mais on croirait que ça vous intéresse... — Est-ce que vous l'avez vue, par hasard ?...

— Oui, oh ! oui, je l'ai vue !!! — répondit le jeune homme avec un involontaire entraînement. Elle est belle comme une madone, et le chant des anges doit être moins doux que celui de sa voix.

— Tiens ! tiens ! tiens ! — fit la Fouine en riant et en regardant Paul. — Ça ne m'étonne pas que vous me fassiez causer, alors... — C'est pour me parler d'elle... et si vous n'aimez plus la pêche en ce moment, c'est que vous aimez autre chose...

Paul, comprenant bien qu'il venait de se trahir, était devenu rouge jusqu'au blanc des yeux.

Le pêcheur continua :

— Et que, cette autre chose, c'est la jeune dame du *Petit Castel*. — Voilà pourquoi vous la faites à la grande mélancolie... Voilà pourquoi vous devenez tout triste et tout pâlot.. — M'sieu Paul, je m'y connais... vous v'là pincé !... Vous avez un fort béguin !... — En bon français, vous êtes toqué de la demoiselle.

Le jeune homme baissa la tête.

— Je voudrais savoir, — balbutia-t-il, — si elle est la fille de l'homme que vous avez vu avec elle au restaurant de l'Île...

— Pour ce qui est de ce renseignement-là, il m'est impossible de vous le donner.

— Etes-vous certain que la propriété ait été vendue?

— Vendue ou louée... — la preuve c'est qu'elle n'était pas habitée depuis longtemps, et qu'elle l'est présentement...

— Elle ne l'est plus... — tous les volets sont fermés...

— C'est que les nouveaux maîtres seront peut-être partis en voyage.

— Ne pourrait-on s'en assurer ?

— Rien de plus facile et nous nous en assurerons, si vous le voulez, pas plus tard que tout à l'heure...

— Comment?

— Allez chercher votre bateau. — Nous remonterons le petit bras et je grimperai dans la propriété sous le prétexte d'offrir du poisson... — Il doit y avoir un gardien... — Par lui, en s'y prenant adroitement, on pourra savoir bien des choses... et l'adresse, c'est mon fort...

— Vous vous introduirez seul dans la propriété...

— Bien entendu, parbleu !...

— Je vais chercher mon bateau.

Paul s'élança sur la berge et prit au pas de course le chemin du garage de son embarcation.

Au bout de moins d'un quart d'heure il était de retour.

— Venez... — dit-il à la Fouine.

— Oui, mais n'oublions point le poisson... — C'est mon prétexte pour entrer... — Ça ne m'irait pas du tout d'être pris pour un voleur...

Il attacha sa poche à poisson à l'arrière du bateau, saisit les avirons et rama vigoureusement jusqu'au petit bras conduisant à l'escalier dont quelques jours auparavant le jeune homme avait gravi les marches pour rendre à la *Fée des Saules* le livre qu'elle avait laissé tomber.

On atteignit bientôt cet escalier près duquel se trouvait toujours amarré le canot appartenant au docteur Thompson.

La Fouine monta les degrés et disparut derrière les massifs du petit parc.

Son absence ne dura que quelques minutes.

— Eh bien! — lui demanda Paul.

— Eh bien! vous aviez raison... — Tout le monde est parti... — la maison est vide...

— On vous l'a dit? — murmura le jeune homme devenu très pâle...

— Non, mais je l'ai vu... de mes propres yeux vu, — il n'y a point de gardien... solitude absolue... — Ah! vous pouvez venir, si ça vous donne envie...

Paul rejoignit la Fouine, et tous deux explorèrent les alentours de la villa.

Impossible de douter...

Tout était clos hermétiquement.

— Partie!... — murmurait avec angoisse le fils de Raymond. — Elle est partie!! Quelle est donc la raison de ce brusque départ?... Ce ne peut être pour une longue absence, puisqu'il y a trois jours à peine on exécutait ici des travaux. — Marthe reviendra bientôt peut-être...

— Ça, c'est plus que probable; c'est positivement sûr... — répliqua la Fouine. — Et au lieu de vous tourner le sang, comme vous paraissez le faire, j'attendrais, moi, paisiblement le retour... et, en attendant, pour ne pas trouver le temps long, je m'en irais à la pêche, matin et soir, levant tantôt une friture et tantôt une matelote, afin de varier mes plaisirs. — C'est ce qu'il y a de plus sage, m'sieu Paul, voyez-vous!... — C'est pas une raison, parce qu'on a un fort béguin à l'endroit d'une particulière, pour se laisser dépérir à vue d'œil en se forgeant des tas d'idées bêtes... — Faut être philosophe et, si j'osais, je vous dirais bien quelque chose...

— Quoi? — demanda Paul, espérant que la Fouine allait lui donner un moyen pour retrouver Marthe plus vite.

— Eh bien! c'est comme qui dirait une comparaison... — Quand je suis à la pêche dans un endroit, n'est-ce pas? — vous suivez bien mon raisonnement, m'sieu Paul?

— Oui.

— Et que ça ne mord pas à cet endroit-là... — Qu'est-ce que je fais?... — Je vous le demande...

— Vous allez ailleurs...

— Juste! — Eh bien, voilà l'exemple à suivre. — Si ça ne mord point dans un endroit, changez de place...

— C'est-à-dire que vous me conseillez de chercher l'oubli dans un autre amour?...

— Vous y êtes!... — En plein dans le mille!... — Les femmes, c'est comme le poisson... faut amorcer pour les pincer... — Si vous avez amorcé dans un endroit et que ça ne morde point, amorcez ailleurs; changez de place et ça mordra... — Voilà! — Qu'est-ce que vous pensez de ça?...

— Partons... — dit Paul pour toute réponse.

On embarqua et la Fouine retourna sur les *sapines* ne voulant pas abandonner le *coup* laborieusement préparé.

Paul le quitta, ramena sa barque au garage, et le cœur meurtri, saignant de douleur, alla s'enfermer dans sa chambre.

Le pauvre enfant souffrait véritablement beaucoup.

Le courage lui manquait pour lutter et la philosophie pour se faire une raison.

Il s'abandonnait à son désespoir.

XVII

La Fouine s'était remis à pêcher, et en sa qualité de philosophe (du moins il se croyait tel, de la meilleure foi du monde), il formulait de prolixes réflexions au sujet de l'aveu qui venait d'échapper à Paul Fromental.

— Tonnerre de Bougival! — se disait-il, — le pauvr' garçon est rudement pincé!! — Il a dans sa boîte à musique un moucheron qui va joliment lui mettre la chanterelle à l'envers!... — C'est-il bête de ne pas pouvoir museler ce polisson d'amour!! — Dès qu'il vous a mordu on devient enragé, et rien n'est plus gênant, sans compter qu'on en claque quelquefois! — Si ça lui arrivait, parole d'honneur, ça serait dommage? — Je le gobe, moi, ce garçon-là, et si jamais je pouvais lui être bon à n'importe quoi, soit pour ses amourettes, soit pour autre chose, je le ferais avec plaisir, ou que le diable m'emporte!...

Brusquement il interrompit son monologue en s'écriant :

— Ah! pour le coup, toi, je te tiens !

Ces paroles s'adressaient à un poisson qu'il sentait au bout de sa ligne et qu'il venait de *ferrer* adroitement.

Il ajouta :

— Et je crois que je pourrai aller déjeuner quand tu seras dans ma poche en filet !

Le poisson devait être de belle taille, car la Fouine eut beaucoup de peine à lui faire quitter le fond de la rivière.

Enfin, après une lutte assez longue dans laquelle il triompha, le jeune pêcheur hissa sa capture à fleur d'eau, passa sous elle son épuisette et l'amena sur la sapine.

C'était une superbe carpe dorée, pesant tout près de cinq livres.

— Ça y est, ma vieille ! — dit la Fouine en décrochant le poisson qui se débattait comme un beau diable et multipliait ses bonds et ses coups de queue, — tu auras beau te démener, vois-tu bien, tu vas faire connaissance avec le court-bouillon au vin rouge du restaurant de l'île... — Tiens-toi donc tranquille, c'est le plus sage !

Après avoir glissé la carpe dans sa poche en filet,

il escalada la berge, laissant ses outils de pêche sur la *sapine*, remonta jusqu'en face de l'île, et héla le passeur qui vint aussitôt le prendre dans son bachot.

Il porta sa capture à la cuisine, reçut son argent, déjeuna rapidement, prit cette fois le vieux bateau délabré qui n'appartenait à personne et dont il avait l'habitude de se servir, revint au train de bois et se remit à pêcher.

Une chance invraisemblablement favorable remplaça la guigne noire du matin.

Coup sur coup, la Fouine *ferra* trois carpes qui ne le cédaient guère en grosseur à la première.

Il venait de *repeloter* son coup, et il laissait tomber dans la rivière sa ligne soigneusement amorcée, lorsqu'il interrompit soudain le mouvement commencé, et demeura la bouche béante, les yeux arrondis.

La cause de son étonnement est simple.

De l'autre côté de la Marne, le jeune pêcheur voyait passer une femme dans l'allée de contour du parc du *Petit-Castel*.

Cette femme était Angèle.

L'ex-marchande à la toilette venait d'arriver de Paris pour se conformer aux instructions de Jacques Lagarde et, avant de commencer ses apprêts, elle se dégourdissait les jambes en faisant une promenade dans le parc.

— Tiens ! tiens ! tiens !... — murmura la Fouine, — Si je ne me trompe pas et si j'ai toujours ma bonne vue, c'est la femme mûre, mais bien conservée, qui a empêché la petite qui est si jolie de m'acheter une friture l'autre jour... — Alors, ils ne sont point partis en voyage, les *proprios* de cette boîte !...
— ils se sont absentés seulement pour un jour !...
— je saurai de quoi il retourne, et peut-être bien que je pourrai porter une bonne nouvelle à m'sieu Paul...

Du train de bois la Fouine sauta dans son bachot, décrocha sa poche en filet et, maniant les avirons avec sa maëstria habituelle, se dirigea vers Angèle qui s'était arrêtée et le regardait curieusement.

Arrivé près de la berge, le jeune homme se dressa dans son bateau.

— Vous faut-il du poisson aujourd'hui, madame ?
— lui demanda-t-il.

— Ah ! ah ! C'est vous le pêcheur de l'autre jour...
— fit Angèle en le reconnaissant.

— Pour vous servir, si j'en étais capable.

— Qu'est-ce que vous avez ?

— Des carpes...

— Sont-elles grosses ?...

— Je vous crois ! — La plus petite pèse au moins trois livres...

— Et des anguilles ?...

— J'en ai deux assez gentrouillettes dans le réservoir de mon bachot... — avec ces anguilles-là et une belle carpe vous feriez une riche matelote !...

— Combien me vendrez-vous ça ?

— Douze francs, tout au juste, parce que c'est vous...

— Eh bien ! remontez le bras jusqu'à proximité de la grille, et apportez-moi la carpe et les deux anguilles.

La Fouine reprit les avirons, fit force de rames, et fut bientôt à l'escalier voisin de la villa.

Il le gravit rapidement, ayant dans sa poche en filet le poisson demandé.

Angèle l'attendait près du perron.

Portes et fenêtres étaient ouvertes au grand large.

— Voici les trois pièces, ma chère dame... — dit le jeune homme. — Ceux qui les mangeront vous en feront des compliments... — Je vous porte ça à la cuisine, et si vous voulez je me chargerai de l'écailler...

— Volontiers...

Angèle conduisit Jules Boulenois, qui tout en marchant demanda d'un air d'indifférence :

— Vous étiez donc en voyage ?

— Pourquoi ça ?

— Parce que je suis venu hier soir pour vous offrir un beau barbillon, et j'ai trouvé visage de bois...

— Oui... j'étais absente...

— C'est ce que j'ai pensé... — Je me suis dit que vous étiez allé probablement faire un petit tour à Paris, en compagnie de monsieur votre mari...

— Qui ça, mon mari ? — fit Angèle en regardant le pêcheur avec un commencement de défiance.

— Mais ce bel homme que j'ai vu ici et qui porte sa barbe en fer à cheval...

— Ce n'est pas mon mari...

— Ah !... je croyais... Enfin, pour sûr, vous êtes sa parente... à moins que vous ne soyez sa gouvernante...

Angèle ne répondit pas.

La Fouine poursuivit, tout en écaillant la carpe.

— Et mam'zelle Marthe est sa fille...

— Comment savez-vous ce nom ? — s'écria l'ex-marchande à la toilette très étonnée.

— Parbleu !... c'est pas malin ! — C'est vous qui l'avez appelée Marthe devant moi, un jour où vous n'avez pas voulu qu'elle m'achète du poisson... — C'est la fille du monsieur au fer à cheval, hein ?

— Peut-être...

— Ah ! il peut se vanter d'avoir bien travaillé, le monsieur... Pour un beau brin de fille, c'est un beau brin de fille ! — J'en ai jamais vu de pareille !!

— Allons, taisez-vous, bavard, et dépêchez-vous, je suis pressée...

— J'empoigne les anguilles... — Comme ça, vous voilà de retour...

— Vous le voyez bien, puisque je suis-là !...

— Vous, oui, mais la jeune demoiselle ?...

— Qu'est-ce que ça peut vous faire que la *jeune demoiselle*, comme vous dites, soit ou ne soit pas ici?

— Ça fait toujours plaisir de regarder quelque chose de beau...

— Ah ! vous êtes amateur ?.. — dit Angèle en riant.

— Et connaisseur, je m'en pique...

— Eh bien ! portez-en votre deuil, mon garçon !... — Vous ne reverrez jamais mam'zelle Marthe...

— Ah ! bah ! — Elle est donc partie ?...

— Hier... — Pour l'Amérique·

— Mazette !... c'est pas tout près !... — Avec son père alors?

— Qui ça, son père ?

— Le monsieur au fer à cheval... — il me semblait que vous me l'aviez dit.

— Il vous semblait mal... — Ce n'est pas son père... C'est un parent...

— Enfin, puisqu'elle est en Amérique, je me consolerai... — Bien sûr que je n'irai point si loin pour la revoir... — Alors, vous, ma chère dame, vous allez habiter ici tout l'été ?...

— Non... j'y viendrai seulement de temps à autre, pour me reposer...

— Parfait !... et le reste du temps vous resterez à Paris ?...

— Non, en Chine...

La Fouine, ahuri, regarda Angèle.

— En Chine ! — répéta-t-il — quelle blague !... — vous vous fichez de moi !

— Est-ce que vous commencez seulement à vous en apercevoir, mon garçon ? — répliqua l'ex-marchande à la toilette en haussant les épaules. — En voilà assez, n'est-ce pas, des questions !... — Vous êtes curieux, vous savez, et je n'aime pas ça !... — J'ai eu la bonifacerie de vous répondre un instant, mais faut de la patience, pas trop n'en faut !

— Ne vous fâchez point, ma chère dame, s'il vous plaît ! — dit la Fouine d'un ton insinuant. — Si je vous demandais cette chose-là, c'était histoire de causer, et pas autre chose ! — Que vous restiez à Paris, en Chine, à Pantin ou dans la forêt de Bondy, qu'est-ce que vous voulez que ça me fasse ?... — Pourvu que je vous vende du poisson, je me moque pas mal du reste... — Je vous en ai vendu... le voilà, tout prêt à sauter dans le chaudron... — Payez-le moi et je m'en vais...

— Voici votre argent.

— Est-ce que vous n'ajouterez pas quelque chose pour avoir écaillé la carpe et écorché les anguilles... sans les faire crier ?...

Angèle se mit à rire.

— Ça sera vingt sous de plus, — fit-elle.

— Bien des merci, ma chère dame... — Faudra-t-il venir voir demain si vous avez besoin de quelque chose ?

— Non. — Demain, nous ne serons plus ici... — Le docteur part en voyage...

— Ah ! c'est un docteur, le monsieur au fer à cheval ?... — dit Jules Boulenois, avec une recrudescence de curiosité.

Et, voyant Angèle se pincer les lèvres, il se hâta d'ajouter :

— Si jamais j'ai l'avantage de le voir, faudra que je lui demande quelque chose...

— Quoi donc ?...

— Une bonne ordonnance pour une drogue qui me débarrasse de ma belle-mère...

L'ex-marchande à la toilette ne put conserver son sérieux.

Pour la seconde fois elle éclata de rire, et la Fouine profita de cette embellie pour prendre congé d'elle et retourner au train de bois où il avait laissé ses lignes.

— Allons, — se disait-il tout en maniant ses avirons, — ce pauvre m'sieu Paul n'a plus qu'à se faire du mauvais sang ! — la jeune demoiselle qu'il idole est partie en Amérique !! — Va te faire lanlaire !!! —

C'est loin l'Amérique!!! Ce n'est pas moi, bien sûr, qui lui donnerai cette nouvelle-là!... Ça lui ferait trop de chagrin! — Très maligne, la femme mûre!! Elle a deviné parfaitement que je voulais lui tirer les vers du nez! — Enfin, ça ne fait rien... — je sais ce que je voulais savoir, c'est le principal. — Le reste, je m'en bats l'œil !...

La Fouine ayant ainsi raisonné se remit à la besogne après avoir roulé une cigarette, et il s'aperçut bien vite que la chance continuait à le favoriser d'une façon exceptionnelle.

En effet, dès les premiers coups de ligne, il sortit de l'eau un poisson de belle taille.

— Oh! oh! — murmura-t-il, — décidément la place est fameuse !... — je ne manquerai pas d'y revenir la nuit prochaine, et j'ai dans ma folle idée que je ne perdrai pas mon temps !...

.˙.

Nous avons laissé le pseudo-Thompson, son secrétaire et Antoine Fauvel, causant sous les grands arbres, dans la salle de verdure où ils prenaient des *apéritifs* avant le repas.

La conversation était animée.

Le marchand de livres se sentait de joyeuse humeur.

— L'air vivifiant de la campagne, le parfum des fleurs,

succédant à l'atmosphère lourde, chargée des odeurs poussiéreuses des vieux papiers et des vieux bouquins au milieu desquels il avait l'habitude de vivre, déterminaient chez lui une sorte de griserie.

— Vous avez une ravissante propriété, mon cher client! — s'écria-t-il tout à coup. — Ne me la ferez-vous pas visiter en détail?...

— Je vous la ferai visiter tant qu'il vous plaira. — répondit Jacques Lagarde. — Nous pouvons dès à présent, avant de nous mettre à table, aller faire un tour dans le parc...

Les trois hommes quittèrent leurs sièges et se dirigèrent vers l'allée qui côtoyait les berges ombragées de la Marne.

Fauvel se répandait en exclamations admiratives.

Ils atteignirent la rive du grand bras de la rivière.

Le bouquiniste étendit la main vers la rive opposée.

— Regardez donc là-bas, juste en face de nous, dit-il; — voilà un pêcheur qui connaît un peu son métier! — sapristi!... il ne rentrera pas bredouille!

Jacques et Pascal avaient suivi du regard la direction indiquée par le geste de Fauvel, et ils aperçurent la Fouine fort occupé à tirer de l'eau une grosse carpe qu'il venait de *ferrer* et qui, selon l'habitude de ses congénères, se débattait énergiquement.

Pascal le reconnut.

— Eh! — dit-il, — c'est le philosophe du restaurant de l'Ile...

— Qu'est-ce que c'est que ça, le *philosophe?* — demanda Fauvel.

Jacques Lagarde prit la parole et répondit, en rivant ses yeux sur le bouquiniste :

— C'est un personnage très original... — Un garçon de dix-neuf ans qui doit, paraît-il, hériter d'une somme considérable quand il sera majeur... — Ce drôle de corps nous a raconté son histoire, et c'est à propos de ce récit que nous l'avons surnommé le *philosophe*...

— Une somme considérable! — répéta Fauvel, — à le voir ainsi vêtu de haillons, on ne le croirait guère!... — il n'a pas du tout la mine d'un homme à héritage!! — De qui diable peut-il hériter?... — Il a donc dans sa famille des gens riches?

— Nullement... — La fortune sur laquelle il compte doit lui venir d'un étranger... Un certain comte de Thonnerieux...

Fauvel, en entendant ce nom, tressaillit malgré lui.

Son tressaillement ne pouvait échapper à Jacques Lagarde qui se dit :

— Il possède le secret du *Testament Rouge.*

Puis, tout haut, il ajouta :

— Le comte de Thonnerieux, s'il faut en croire ce que le jeune pêcheur en question nous a raconté, a voulu enrichir six enfants, venus au monde le même jour que sa fille dans l'arrondissement qu'il habitait...

— C'est très curieux, — répliqua le bouquiniste rentré en possession de son sang-froid. — Mais je maintiens ce que je disais tout à l'heure... — A voir ce bonhomme en loques, pêchant sur un train de bois, on ne devinerait jamais en lui un capitaliste futur.

Tout en disant ce qui précède il souriait.

Jacques et Pascal n'eurent point de peine à comprendre l'expression sardonique de ce sourire, mais Jacques ne crut pas devoir maintenir plus longtemps la conversation sur ce sujet, et les trois hommes continuèrent leur promenade.

XVIII

La Fouine, tout en glissant dans sa poche en filet la dernière carpe qu'il venait de décrocher, avait aperçu les promeneurs arrêtés de l'autre côté de l'eau, sous les ombrages du petit parc, et l'observant.

— Tiens ! — murmura-t-il, — l'homme à la barbe en fer à cheval, le docteur, avec ses invités. — La jeune demoiselle n'est point là... donc, bien sûr, elle est partie... — La dame mûre ne m'a pas conté une blague... c'est bon à savoir.

Jacques Lagarde avait ramené Fauvel à l'habitation.

Angèle sortit de la villa.

— Vous pouvez vous mettre à table, messieurs... le dîner est servi... — dit-elle.

— Je vous demande trois minutes, chère cousine, — répliqua Jacques.

— Soit... Mais pas plus.

— Le temps d'aller mettre un vêtement plus léger... — Pendant mon absence, veuillez tenir compagnie à M. Fauvel.

— Dépêchez-vous donc...

Le docteur entra dans l'habitation. — Pascal averti par un signe le suivit.

Ils traversèrent la salle à manger où le couvert mis offrait le plus agréable coup d'œil, et entrèrent dans l'office.

— Vite, — commanda Jacques, — une table sous l'ouverture pratiquée dans la muraille !

Pascal obéit et plaça une petite table immédiatement sous l'orifice du tuyau dont nous avons parlé.

Tandis qu'il s'acquittait de cette besogne, Jacques tirait du placard la boîte qu'il y avait enfermée la veille.

Il posa cette boîte sur la table apportée par Pascal et l'ouvrit.

Elle contenait le pulvérisateur acheté chez le fabricant, rue Barbette.

Ce pulvérisateur, du système Dewar, fut placé par lui sur la boîte elle-même, et il introduisit le tube vertical dans celui qui traversait la cloison.

— Qu'est-ce que cela? demanda Pascal avec curiosité.

— Le sommeil pour Fauvel.

— Le sommeil éternel ?

— Non, mais un acheminement à celui-là. — Tu vas comprendre... — Regarde ce flacon... il est rempli de kérosélène, une substance volatile comme le chloroforme, qui par la pression de l'une de ces boules — (il désignait les deux boules creuses en caoutchouc terminant le tube qui sortait de l'appareil) — sera pulvérisée, c'est-à-dire réduite en vapeur... en brouillard léger... Ce brouillard, cette vapeur, obéissant à la pression et trouvant une issue par le tuyau de conduite, iront frapper d'anesthésie Fauvel et le mettront à notre merci.

— Ne sera-t-il point suffoqué ?

— Non... — Les précautions sont prises... — Le kérosélène est mélangé d'eau parfumée... — Fauvel s'endormira sans s'en apercevoir, en croyant respirer des fleurs... — Quand nous toucherons à la fin du dîner ne me perds pas de vue, et sois prêt à me suivre au moindre signe.

— Je serai prêt.

— Il y a des bougies dans cette pièce ?

— Les voilà.

— Tu as sur toi des allumettes ?

— Oui.

— Ferme au verrou la porte de la salle à manger qui donne ici...

— C'est fait.

— Eh bien, changeons de vêtements, pour justifier notre sortie, et allons retrouver Fauvel...

Un instant après, vêtus à la légère, les deux complices rejoignaient le marchand de livres et Angèle.

— Vous voici ! C'est heureux ! — fit cette dernière, — à table maintenant.

Jacques montra le chemin à Fauvel, et bientôt les trois hommes furent installés dans la salle à manger.

Nous disons les trois hommes, car Angèle avait expliqué que l'absence de sa domestique, tombée malade le matin même, la forçait à s'occuper personnellement du service et ne lui permettrait de faire à table que de courtes stations.

Fauvel se sentait en appétit.

Il mangeait comme quatre et buvait sec, en homme qui connaît le vieil adage ainsi formulé naïvement :

> Remplis ton verre vide,
> Vide ton verre plein,
> Ne laisse jamais dans ta main
> Ton verre ni vide ni plein.

Du reste il était d'une trempe vigoureuse car, malgré ses habitudes de grande sobriété, les vins capiteux qu'on lui versait sans relâche ne semblaient point troubler sa raison.

A huit heures, l'obscurité déjà grandissante ne permit pas de continuer le repas sans lumière.

Angèle alluma les bougies des candélabres, et comme l'air assez vif du dehors faisait vaciller leurs flammes, elle saisit ce prétexte pour fermer non seulement les volets extérieurs des fenêtres, mais les fenêtres elles-mêmes et les volets intérieurs qui, nous le savons, étaient rembourrés.

— Comme cela nous serons absolument chez nous, — dit-elle ; — nous pourrons causer et rire en toute liberté, et même nous griser un peu, si le cœur nous en dit, sans craindre d'être épiés par des curieux indiscrets… — Je me sens ce soir de joyeuse humeur… — Cousin, versez-nous du champagne !

Jacques Lagarde brisa les fils de fer, coupa les ficelles qui retenaient le bouchon d'une bouteille au casque d'argent et remplit les coupes.

A cette première bouteille une seconde succéda, puis on en entama une troisième.

Fauvel commençait à s'animer un peu plus que de raison, et se sentait tout heureux de se trouver en si aimable compagnie.

Le pseudo-Thompson fit à Angèle un signe imperceptible.

— Je vais voir si tout est en ordre dans la chambre de notre hôte, — dit-elle en se levant.

Aussitôt hors de la salle à manger, elle ferma vivement tous les volets de toutes les fenêtres des autres pièces du rez-de-chaussée.

Le *Petit-Castel* parut de nouveau désert comme il l'était le matin de ce même jour.

Un silence profond régnait dans le parc.

C'est à peine si, par intervalle, le bruit du roulement d'une voiture ou de l'aboiement d'un chien de garde arrivait des lointains de la campagne.

— Il ne faut point que la courte absence de ma cousine vous pousse à la mélancolie, — dit Jacques Lagarde. — Buvons !

Et, après avoir rempli les coupes à champagne, aussitôt vidées, il reprit :

— Ah ! ça, mais, cher monsieur Fauvel, nous n'avons point reparlé de votre précieux volume, les *Mémoires du comte de Rochefort*... — Si j'ai bonne mémoire, cependant, vous l'avez apporté...

— Parfaitement... — Le voici, — répliqua le bouquiniste en tirant de sa poche le volume en question et en le tendant à Jacques qui le prit et l'ouvrit.

— *Les Mémoires du comte de Rochefort...* — fit Pascal en se mêlant à la conversation. — C'est un ouvrage bien curieux, une mine féconde, largement exploitée par les romanciers et les auteurs dramatiques à l'époque de la grande vogue des romans et des drames historiques... — Que de succès sont sortis de ce livre !... — C'est dans ses pages que le grand Dumas a trouvé en germe l'histoire de *Milady*, des *Mousquetaires*, marquée d'une fleur de lys à l'épaule... — Ce volume sera l'une des perles de la bibliothèque du docteur...

— D'où vous vient-il? — demanda Jacques à Fauvel rayonnant qui répondit :

— Je croyais vous l'avoir expliqué déjà, — je l'ai acheté en vente publique, dans un lot de bouquins ..

— Farceur! — s'écria Jacques en riant.

Déconcerté par cet éclat de rire inattendu, Fauvel regarda le maître du logis.

— Je ne sais pas du tout pourquoi vous avez l'air d'en douter... — fit-il ensuite, mais avec une médiocre assurance, — rien n'est plus vrai, je vous le jure...

— Ne jurez pas! — interrompit le docteur en riant toujours. — Je ferai semblant de vous croire si ça peut vous être agréable, — j'ai l'ouvrage, c'est le principal... — Ce que je regrette, par exemple, c'est de ne pouvoir posséder également les deux volumes dont vous m'avez parlé il y a quelques jours.

— Lesquels?

— La *Vie du Père Joseph* et le *Testament Rouge*.

— Ah! ce n'est pas ma faute si je ne puis vous les livrer, — fit le bouquiniste en poussant un gros soupir, — je vous l'ai dit et je vous le répète, on m'a coupé l'herbe sous le pied... — J'aurais pourtant été bien heureux de vous être agréable... j'espère que vous n'en doutez point.

Jacques releva la tête, attacha sur Fauvel un regard narquois, et reprit d'une voix de plus en plus railleuse :

— Blagueur !

Le marchand de livres tressaillit violemment.

— Comment, blagueur ? — répéta-t-il avec une anxiété visible. — Supposez-vous donc, par hasard, que je possède ces volumes ?...

— Je ne le suppose pas.... — j'en suis sûr... absolument sûr...

Fauvel devint livide. — Néanmoins il essaya de sourire.

— Allons... allons... — balbutia-t-il, — je vois bien que vous plaisantez...

— Je ne plaisante pas le moins du monde... — répliqua le docteur avec le plus grand calme.

— Alors, que voulez-vous dire ?

— Tout simplement ce que je dis : — Vous avez à l'heure qu'il est, en votre possession, la *Vie du Père Joseph*, le *Testament Rouge* et bon nombre d'autres ouvrages de la plus extrême rareté, par conséquent de la plus grande valeur, dérobés dans les bibliothèques de l'Etat, soit par vous, soit par vos complices...

— Monsieur, monsieur : — s'écria Fauvel en se levant, saisi d'angoisse.

Pascal et Jacques étaient restés assis ; — Pascal

assistant à cette scène en spectateur très captivé par l'intérêt de la situation, et Jacques impassible.

— Rassurez-vous donc, cher monsieur Fauvel, — dit le pseudo-Thompson au bibliophile épouvanté. — Pourquoi cette terreur ? — Je ne vous veux aucun mal, je vous assure... — Oui, vous avez en votre pouvoir les livres dont je citais les titres, comme vous aviez les *Mémoires du comte de Rochefort*... — Vous m'avez cédé celui-ci, vous m'en auriez cédé d'autres, j'en suis convaincu, mais jamais et à aucun prix vous n'auriez consenti à me vendre le *Testament Rouge*... — Encore une fois, reprenez votre place et buvez un verre de vin de champagne. — Nous sommes entre amis, que diable ! entre gens qui se connaissent déjà fort bien, et qui se connaîtront encore mieux tout à l'heure.

Le marchand de livres se laissa retomber, accablé, sur son siège.

Une sueur abondante mouillait son visage.

— Vous vous appelez bien Fauvel, n'est-ce pas ? — reprit Jacques. — Ce nom n'est pas un pseudonyme, un nom de guerre ?

— Certes !... — dit le bouquiniste d'une voix étranglée.

— Et vous êtes parent, proche parent, d'une certaine dame née Fauvel, veuve de l'avocat Labarre !...

— Cette dame est ma sœur.

— Par conséquent le jeune homme dont vous m'avez parlé l'autre jour et que vous devez m'envoyer comme client, étant le fils de notre sœur est votre neveu...

— Naturellement...

— Allons, je vois que je ne m'étais point trompé dans mes calculs...

— Quels calculs ?... — bégaya Fauvel.

— C'est ce que je vais avoir le plaisir de vous apprendre... — Procédons par ordre : Vous possédez le *Testament Rouge*...

— Cela, je le nie !...

— Vous le nierez en vain ! — l'évidence est contre vous. — Après m'avoir offert ce volume, vous avez inventé une histoire aussi sotte qu'invraisemblable pour ne point tenir votre parole, et voici la raison de ce mensonge : — En lavant à l'acide certaines pages du livre afin d'en faire disparaître les timbres de la Bibliothèque nationale, vous avez découvert des lettres et des mots soulignés à l'encre rouge... — Cette découverte ne pouvait manquer d'éveiller la curiosité d'un fureteur tel que vous, et vous avez cherché à comprendre ce que cachaient les signes mystérieux. — Guidé sans doute par les mots gravés sur la médaille que porte au cou votre neveu, vous avez trouvé la clef de l'énigme... — Vous avez pénétré les ténèbres épaissies à dessein par le feu comte de

Thonnerieux autour de son testament. — Vous savez où se trouve la fortune léguée par le comte aux six enfants nés le même jour que sa fille, et vous voulez vous emparer de cette fortune, ce qui serait très peu honnête mais fort intelligent... — Allons, cher monsieur Fauvel, un peu de franchise... — Vous savez bien que je suis votre ami... — C'est parfaitement cela, n'est-ce pas ?...

Le bouquiniste avait écouté Jacques Lagarde avec une terreur grandissante.

Ses mains, agitées de petits mouvements nerveux, se crispaient sur la nappe.

Une pâleur spectrale couvrait son visage ; ses yeux étaient devenus hagards, et de ses lèvres tremblantes s'échappaient des sons inarticulés, n'offrant aucun sens.

— C'est parfaitement cela, n'est-ce pas ? — répéta le pseudo-Thompson ; — je vous mettrais d'ailleurs au défi de le nier. — Notez bien que je ne vous blâme en aucune façon, et que vos convoitises me semblent toutes simples... — Malheureusement pour la réussite de vos projets, nous avons comme vous découvert le secret de cette fortune, et nous la voulons comme vous.

Fauvel qui paraissait anéanti, inerte, incapable de se mouvoir, se dressa brusquement, tout d'une pièce, semblable à un cadavre galvanisé par le courant d'une puissante machine électrique.

Il étendit une de ses mains vers Jacques Lagarde, et il s'écria :

— C'est vous qui avez volé le testament du comte de Thonnerieux !...

— Parbleu !... comme vous avez volé le *Testament Rouge !* — répliqua le docteur. — Le *Testament Rouge* auquel nous renvoyaient les dernières volontés du comte et qui renferme l'indication de la cachette... — Vous nous avez devancés et c'est vous qui, avec une rare maladresse, m'avez mis sur la piste du précieux bouquin dont, sans cette maladresse, je n'aurais pu vous savoir possesseur... — Vous êtes trop intelligent pour ne point comprendre que rien au monde ne nous fera lâcher quatre millions...

— Quatre millions !... — répéta le bouquiniste dont les yeux lançaient de fauves éclairs, — il y a quatre millions !...

— Mon Dieu, oui... et même un peu plus... — Or, vous en conviendrez volontiers, la possession d'une somme aussi ronde vaut bien le petit dîner que nous avons eu ce soir la joie de vous offrir...

Pour la troisième fois le bouquiniste répéta avec une sorte de délire :

— Quatre millions !...

Puis il ajouta :

— Eh bien, partageons, et je vous livre le secret...
— On ne peut se montrer plus accommodant, n'est-ce pas ?...

XIX

Jacques et Pascal accueillirent la proposition de Fauvel par un éclat de rire qui glaça le sang dans les veines du bouquiniste.

— Partager! — s'écria Pascal. — Vous êtes toqué, mon cher monsieur!... — Ce n'est point la moitié qu'il nous faut... c'est le tout...

— Alors vous n'aurez rien!... — répliqua Fauvel affolé.

— Ah! vous croyez ça?...

— Je fais mieux que le croire, puisque je garderai le volume, faute duquel vous ne pourrez agir... — Seul je possède le secret... Vous ne le connaîtrez jamais!...

Le pseudo-Thompson haussa les épaules.

— Ne faites pas le méchant, ami Fauvel, — dit-il avec un sourire énigmatique, et d'une voix dont la douceur n'avait rien de rassurant, — vous ne voudriez point, j'en suis convaincu, nous mettre dans la nécessité fâcheuse de supprimer les uns après les autres tous les héritiers du comte de Thonnerieux pour nous emparer de leurs médailles... — Ces médailles réunies, vous le savez, nous donneraient le mot de l'énigme aussi bien que le *Testament Rouge*.

Fauvel frissonna.

Ce que son terrible interlocuteur venait d'affirmer était vrai, il ne l'ignorait pas.

D'une voix défaillante il demanda :

— Mais, enfin, que voulez-vous faire de moi ?...

— Comment, vous ne le devinez point ? — reprit Jacques.

— Non.

— Vous m'étonnez !... — Un enfant devinerait !! — Enfin, voici : — Vous avez quitté tantôt votre domicile en emportant vos clefs... — Vous les avez sur vous, ces clefs, dans une de vos poches. — Nous les prendrons, nous nous rendrons à votre logis demain matin, à la première heure, nous fouillerons partout avec un soin minutieux que le succès ne peut manquer de couronner, et nous nous retirerons tranquillement, en emportant le volume qui nous est nécessaire...

— Mais, moi ?... — bégaya Fauvel pour la seconde fois, — que ferez-vous de moi ?

— Vous, vous allez dormir...

Ces paroles furent prononcées avec un accent et accompagnées d'un geste qui terrifièrent le bouquiniste.

Paul et Jacques s'étaient levés.

Le premier ouvrit la porte qui de la salle à manger donnait accès dans le vestibule.

Tous deux sortirent.

Fauvel se demandait s'il devait les suivre quand il vit la porte se refermer, et en même temps il entendit le bruit de verrous que l'on poussait. Donc cette issue n'existait plus pour lui.

Il s'élança vers une autre porte qu'il trouva close également, et qui résista à tous ses efforts.

Alors, pris d'une épouvante folle, il se mit à crier d'une voix sifflante :

— A l'aide !... à moi !... au secours !...

Nous savons déjà qu'au dehors on ne pouvait entendre sa voix.

En sortant de la salle à manger, Jacques et Pascal avaient trouvé Angèle dans le vestibule.

— Vite à l'office ! — commanda Jacques.

Eclairés par Angèle, les deux hommes se rendirent en toute hâte dans la pièce désignée.

Là ils entendirent, mais comme un bruit très lointain, les cris et les appels du marchand de livres, qui heurtait de ses poings fermés les murailles, les portes, les volets intérieurs des fenêtres.

Jacques s'approcha de l'appareil placé sur la table, prit dans sa main droite une des boules creuses de caoutchouc, et la pressa.

Le pulvérisateur fonctionna aussitôt. — Le kérosélène, transformé en brouillard vaporeux, s'engagea dans le tuyau de métal, qui par l'une de ses extrémités aboutissait à l'intérieur de la salle à manger, et se répandit dans l'air que respirait le bouquiniste.

Celui-ci dont les allures étaient celles d'un homme complètement privé de raison, allait et venait comme un fauve en cage, les cheveux mouillés de sueur, les lèvres contractées, les yeux fous.

Soudain il s'arrêta.

Un parfum subtil frappait ses narines, et en même temps il éprouvait une étrange sensation.

Ses paupières lourdes s'abaissèrent malgré lui sur ses yeux.

Il lui sembla que le plancher se dérobait sous ses pieds.

Machinalement il étendit les bras, cherchant quelque objet auquel il lui fut possible de s'accrocher pour se soutenir.

Ses mains ne rencontrèrent que le vide et il s'abattit lourdement.

Le bruit sourd de sa chute n'était pas arrivé jusqu'à l'office où se trouvaient les deux hommes et Angèle, mais, en pressant d'une main la boule de caoutchouc, Jacques tenait sa montre de l'autre, et comptant les minutes il dit au moment précis où Fauvel s'écroulait comme une masse :

— C'est fini... Il dort...

Dix heures sonnaient à la pendule de la salle à manger.

Précisément à cette heure le procureur de la République, accompagné du chef de la sûreté, de Raymond Fromental et de quelques agents, se présentait au numéro 9 de la rue Guénégaud.

La porte de la maison était close.

Un agent sonna.

Le cordon fut tiré aussitôt et les gens de loi s'engagèrent en silence dans l'allée assez mal éclairée, en ayant soin de refermer la porte derrière eux.

La concierge était seule dans sa loge.

En voyant tout ce monde elle fut prise d'une inquiétude mêlée de frayeur qui nous semble facile à comprendre.

Quels étaient ces gens-là et que lui voulaient-ils?...

Son incertitude à cet égard ne fut point d'ailleurs de longue durée.

— Monsieur Fauvel?... — demanda le chef du parquet de la Seine.

— C'est ici, monsieur... — balbutia la portière.

— Est-il chez lui ?

— Il me serait impossible de vous l'affirmer, ne le sachant pas moi-même... Mais je crois bien qu'il est absent...

— A quel étage demeure-t-il ?

— Au troisième, dans le corps de bâtiment sur le devant.

— Nous allons monter...

— Ah bien ! par exemple, c'es tout à fait inutile de vous donner cette peine-là... — M. Fauvel ne reçoit personne le soir. — S'il est chez lui, il ne vous ouvrira pas...

— Madame, — reprit le magistrat, — je suis le procureur de la République et je viens assister à une perquisition qui doit être opérée au domicile de votre locataire...

— Une perquisition ! — répéta la concierge effarée. — Est-ce que ce bon monsieur Fauvel serait accusé de quelque chose ?

— Il est accusé de faits très graves... — Son appartement, qu'il s'y trouve ou qu'il ne s'y trouve pas, doit être visité par nous... — L'escalier étant mal éclairé, veuillez prendre une lumière et nous conduire...

— Mais, monsieur...

— Toute observation serait inutile... — Obéissez, au nom de la loi !

Tandis que la pauvre femme terrifiée, perdant la tête, cherchait un bougeoir et, l'ayant trouvé, l'allumait d'une main tremblante, le chef de la Sûreté donnait à un inspecteur des instructions qu'il résumait ainsi :

— Vous avez compris ? — Laissez entrer toutes les personnes qui pourraient se présenter, mais ne laissez sortir qui que ce soit, sous quelque prétexte que ce puisse être.

— Oui, chef.

La concierge, son bougeoir à la main, se tenait sur le seuil de la loge qu'elle s'apprêtait à fermer.

— Cette porte doit rester ouverte... — lui dit le chef de la Sûreté. — Vous n'avez rien à craindre... — un de mes hommes prendra votre place pendant que vous serez avec nous...

— Bien, monsieur...

— Y a-t-il un escalier de service dans la maison ? — demanda le procureur de la République.

— Oui, monsieur.

— Où se trouve son entrée ?

— Là.

Et la concierge désignait une petite porte placée dans le couloir, près de sa loge.

— Est-il éclairé à cette heure ?

— Non.

— Monsieur le chef de la Sûreté, veuillez y placer

des hommes munis de leurs lanternes réglementaires.

Sur un signe du chef deux agents allèrent occuper l'escalier de service, tandis que les magistrats et les sous ordres gagnaient par l'escalier principal l'étage où demeurait Fauvel.

On sonna.

Nos lecteurs savent déjà que le bouquiniste avait les meilleures raisons du monde pour ne pas répondre, puisqu'à cette même heure il était étendu sans connaissance sur le parquet de la salle à manger du *Petit-Castel*.

— Supposez-vous que votre locataire soit absent ? — demanda le procureur de la République.

— Je vous affirme de nouveau, monsieur, que je n'en sais absolument rien. M. Fauvel n'est guère causeur et, quoique je sois chargée de son ménage, il ne me parle jamais de ses projets... C'est un homme très caché...

— Il faut faire une sommation... — dit le magistrat au chef de la Sûreté qui, en sa qualité de commissaire de police, prononça d'une voix forte la phrase sacramentelle :

— Au nom de la loi, ouvrez !

Même silence à l'intérieur.

— Envoyez réquisitionner un serrurier... — reprit le chef du parquet.

— Si c'est pour ouvrir la porte, monsieur, c'est pas la peine, — fit la concierge. — Étant chargée du ménage, j'ai une clef.

— Dans votre loge?

— Non, monsieur, dans ma poche.

— Ouvrez donc, alors...

La concierge se fouilla d'une main défaillante, tira des profondeurs de sa poche un trousseau de clefs, en choisit une et l'introduisit dans la serrure.

Presque aussitôt la porte tourna sur ses gonds.

Les magistrats entrèrent accompagnés par Raymond Fromental et par quatre ou cinq agents, et l'on procéda à la visite domiciliaire en commençant par la salle à manger et la chambre à coucher, inhabitées l'une et l'autre, d'où paraissait résulter la certitude de l'absence de Fauvel.

— Il va rentrer sans doute, — dit le procureur de la République. — Nous serons là pour le recevoir...

— Continuons notre visite... — Où sont les pièces servant de bibliothèque ou de magasin? — ajouta-t-il en s'adressant à Fromental qui répondit:

— De ce côté, monsieur...

Et il indiqua la porte du cabinet de travail du bouquiniste.

— C'est fermé à clef... — fit le chef de la Sûreté après avoir vainement tenté d'ouvrir....

Puis, se tournant vers la concierge:

— Avez-vous la clef de cette pièce dans votre trousseau ?

— Non, monsieur... — Je n'entre jamais là...

— Alors, qu'on enfonce la porte.

— Inutile... — Un de ces messieurs a des crochets... — fit observer Raymond.

Et, sur un signe de lui, l'agent désigné se mit à l'instant en devoir de forcer la serrure.

Le travail fut long et difficile, mais enfin la serrure céda et il devint possible d'entrer dans la pièce que nous connaissons.

Une lampe toute préparée se trouvait sur le bureau de Fauvel.

On alluma cette lampe, on renvoya à sa loge la concierge plus morte que vive, et le secrétaire du procureur de la République s'installa au bureau pour dresser un procès-verbal des perquisitions qui allaient être opérées.

— Que ces livres soient visités un à un, messieurs, — commanda le magistrat aux agents en désignant les volumes entassés sur les rayons, sur les meubles, sur le plancher ; — on doit y trouver quelques-uns des ouvrages volés dans les bibliothèques de l'Etat.

Les agents et le chef de la Sûreté lui-même procédèrent sans perdre une minute à un minutieux examen.

Raymond, lui, inspectait les coins et les recoins de la pièce, et tout en inspectant il réfléchissait.

— Monsieur le procureur de la République, — dit-il au bout de quelques minutes, — je crois qu'en ce moment nous faisons fausse route... — Il me semble impossible que les volumes dérobés soient restés en vue... — Fauvel est un fin matois, un rusé coquin, qui certainement ne laisse point les preuves matérielles de ses crimes exposées aux yeux indiscrets... — il doit y avoir ici quelque cachette qu'il croit sûre, et que nous finirons par trouver en cherchant bien...

— Cherchez donc...

Tout en parlant, Fromental s'était approché de la porte conduisant à l'atelier de reliure dont il franchit le seuil, éclairé par un des agents qui venait d'allumer une bougie.

Sur une petite table, au milieu de fioles diverses et de nombreux godets, Raymond aperçut un volume tout ouvert.

Il prit ce volume, l'examina, poussa une exclamation joyeuse, revint auprès du procureur de la République et, lui présentant le livre qu'il tenait, s'écria :

— En voici déjà un!!! — *La Vie du Père Joseph...* l'un des derniers volés à la Bibliothèque nationale... — Regardez, monsieur!... Regardez!...

Le magistrat reçut le volume des mains de Raymond, et à son tour lui fit subir un sérieux examen.

Sur plusieurs pages il vit les cachets révélateurs des bibliothèques de l'Etat.

— Vous avec raison! — dit-il, — la preuve est faite! — Fauvel est bien le receleur... — Il y a certainement ici beaucoup d'autres ouvrages provenant de vols. — Il faut les trouver...

Raymond rentra dans l'atelier de reliure. Mais ses recherches ne furent suivies d'aucun résultat nouveau.

Convaincu qu'il n'y ferait plus de découvertes utiles, il en sortit au bout de quelques instants très désappointé.

— Plus rien! — s'écria-t-il avec colère. — Ce volume se trouvait là par hasard, par oubli... — La cachette existe... — Où est-elle?

XX

— Vous croyez donc positivement à l'existence d'une cachette? — demanda le procureur de la République, qui avait entendu ces derniers mots.

— J'y crois de la façon la plus absolue, monsieur, — répliqua Raymond; — le bon sens et la logique m'ordonnent d'y croire. — Comment admettre qu'un homme aussi avisé que Fauvel n'ait pas un coin mystérieux, connu de lui seul, pour serrer ses papiers personnels, ses livres compromettants, son argent, puisqu'on le dit riche?... — Remarquez que, sauf le volume de la *Vie du Père Joseph*, nous n'avons jusqu'ici absolument rien trouvé... — Cela prouve que nous n'avons point cherché dans le bon endroit.

— Il faudrait sonder les murailles et les planchers.

— J'y pensais.

Raymond tenait une canne à pomme d'ivoire et à bout ferré.

Il écarta les livres entassés sur les rayons et il se servit du bout de cette canne pour ausculter en quelque sorte les murs, prêtant l'oreille après chaque coup frappé.

Brusquement il s'arrêta, et une joie vive se peignit sur sa physionomie mobile.

Sous une percussion sèche de la douille d'acier garnissant l'extrémité du bambou, il venait d'entendre la muraille sonner le creux.

— Je crois bien que nous approchons... — dit-il. — A coup sûr, là derrière, se trouve un cabinet dérobé... — Vite, dégarnissons ces planches...

En un instant, aidé de deux agents, il jeta sur le parquet les livres dont les rayons étaient couverts, et il essaya d'attirer à lui le panneau de la bibliothèque.

Ses efforts furent inutiles, — le bois adhérait fortement au mur contre lequel il était appliqué, — il craquait, mais ne cédait pas.

Raymond se mit alors à promener lentement sa main sur la surface des rayons, explorant surtout les angles formés par les casiers.

Tout à coup, il sentit sous ses doigts le froid du métal.

L'index de sa main droite venait d'effleurer un bouton de cuivre à peine en relief.

Instinctivement, il appuya sur ce bouton avec force.

Un bruit sec et caractéristique, — celui d'un ressort qui se détend, — se fit entendre aussitôt. Un panneau de la bibliothèque roula sur des galets invisibles, et découvrit la porte du cabinet secret de Fauvel.

Fromental, poussant un cri de triomphe, s'élança sur cette porte, qui s'ouvrit sans opposer la moindre résistance.

— De la lumière ! — commanda-t-il.

Un agent lui tendit un flambeau qu'il saisit, et il entra dans la chambre noire où le suivirent le procureur de la République et le chef de la sûreté.

— Un coffre-fort ! — dit Raymond joyeux. — Je savais bien que je ne pouvais pas me tromper ! — Et là, des livres ! — ajouta-t-il en voyant des rayons chargés de volumes.

Il approcha sa lumière du dos de ces volumes et s'écria :

— Les ouvrages volés ! les voilà !... les voilà tous !... — Ecoutez, monsieur...

Et il lut à haute voix les titres des précieux volumes, dont le dernier se trouvait être l'exemplaire du *Testament rouge*, renfermant, sous une forme énigmatique, le secret du comte Philippe de Thonnerieux.

Le procureur de la République donna l'ordre de réunir en un seul ballot tous ces volumes, et de les porter immédiatement au Palais de Justice, ainsi que le coffre-fort.

On obéit.

L'âme de Raymond débordait de joie.

— J'ai réussi ! — se disait-il avec ivresse. — Il est impossible, après un tel succès, qu'on refuse de tenir la parole donnée !... — Je vais redevenir maître de ma vie !...

Le secrétaire du procureur de la République termina la rédaction du procès-verbal; un inspecteur et deux agents furent laissés en permanence dans la maison, avec l'ordre d'arrêter Fauvel s'il se présentait; puis les magistrats se retirèrent, remettant au lendemain l'interrogatoire des complices du juif Abraham, la femme et le faux prêtre que nous avons vus *travailler* à la Bibliothèque nationale, et que Bouvard et Pradier avaient conduits au dépôt de la Préfecture.

Raymond reçut les félicitations qu'il méritait et regagna son logement de la rue Saint-Louis-en-l'Ile.

* *

Nous avons quitté le *Petit-Castel* au moment où Fauvel, frappé d'anesthésie, venait de s'abattre lourdement sur le parquet de la salle à manger.

— Vite, ouvrez les portes! — dit Jacques Lagarde.

Angèle s'empressa de se conformer à cette recommandation, tandis que Jacques serrait son pulvérisateur.

Ceci fait, il entra dans la pièce où se trouvait le malheureux bouquiniste de la rue Guénégaud, et il enjoignit à Pascal de mettre l'ascenseur dont nous avons parlé en état de fonctionner.

Pascal ouvrit l'espèce d'armoire qui renfermait cet ascenseur et il demanda :

— Maintenant, que faut-il faire ?

— Tout simplement se servir de l'appareil pour transporter, sans secousse et sans fatigue, notre hôte à l'office du bas... — Aide-moi...

Les deux hommes soulevèrent par les épaules le corps inanimé, pareil à un cadavre, et le dressèrent sur le plateau qui, s'enfonçant aussitôt dans le plancher, descendit au sous-sol.

— Ma chère Angèle, — ajouta le docteur en s'adressant à l'ex-marchande à la toilette, — vous n'avez, cette nuit, plus rien à faire ici... — Allez prendre le chemin de fer et filez à Paris, où nous vous verrons demain... — Nous, Pascal, au sous-sol...

Et, suivi de son complice, il gagnait en toute hâte l'escalier.

Quelques minutes plus tard Angèle quittait le

Petit-Castel, et de son pied léger se rendait à Joinville-le-Pont, où elle prenait le dernier train pour Paris.

Arrivés à l'office, Jacques et Pascal s'approchèrent de l'ascenseur.

Naturellement, le corps de Fauvel n'avait point changé de place.

— Qu'allons-nous en faire ? — demanda Pascal.

— Mettons-le sur la table... — il y sera comme dans son lit.

Et, soulevant de nouveau le marchand de livres, l'un par les pieds, l'autre par les épaules, ils l'étendirent sur la table qui servait aux repas des domestiques.

— Il n'est pas mort... — reprit Pascal qui pressait de sa main le côté gauche de la poitrine de Fauvel et qui sentait les battements du cœur.

— Non, certes ! il n'est pas mort !... — Je n'ai jamais eu l'intention de le tuer de cette façon...

— Que vas-tu faire de lui ?

— Ne pas laisser dans ses veines une goutte de sang qui garderait les traces du kérosélène et pourrait me compromettre si la justice ordonnait une autopsie...

— Je ne comprends pas...

— Tu comprendras plus tard... — Hâtons-nous de le déshabiller...

Il suffit de quelques secondes pour enlever à Fauvel jusqu'à son dernier vêtement.

Jacques prit alors le flacon bouché à l'émeri, qu'il avait déposé la veille dans une armoire, l'ouvrit et versa huit à dix gouttes de son contenu sur une compresse de linge blanc.

— Prends cette compresse, — dit-il à Pascal, — et maintiens-la sous les narines de notre homme...
— Il faut que l'anesthésie continue.

Le jeune homme fit ce que lui ordonnait son complice, tandis que celui-ci tirait de l'armoire un des costumes de caoutchouc apportés la veille en même temps que le flacon, l'endossait par-dessus son vêtement, et chaussait une des larges paires de bottes dont nous avons parlé.

Ceci fait, il retira des mains de Pascal la compresse imbibée de kéroséléne, la maintint à son tour sous les narines de Fauvel, et dit à son complice en lui montrant le deuxième costume de caoutchouc :

— Fais comme moi, vivement.

Pascal fut prêt en une minute.

— Maintenant, poursuivit Jacques, — prends une des grandes bassines de cuivre de la cuisine, apporte-la ici, et place-la sur un tabouret, près de moi.

Le jeune homme alla chercher la bassine, revint et approcha de la table un tabouret sur lequel il la posa.

L'office du sous-sol offrait en ce moment l'aspect le plus étrange.

Ces deux hommes, bizarrement enveloppés de larges vêtements noirs qui faisaient paraître plus pâles leurs visages et leurs mains, debout auprès de ce corps absolument nu, éclairé par la suspension placée juste au-dessus de la table, formaient un tableau effrayant, sinistre, — plus sinistre encore que la fameuse *Leçon d'anatomie* de Rembrandt.

C'était de la quintessence d'horreur.

Et cependant cette horreur allait grandir encore.

— Allons, — murmura Jacques, — il est temps...

Saisissant alors un scalpel placé sur la table, à côté de lui, il chercha du doigt, sur le cou de Fauvel, le passage de l'artère.

L'ayant trouvé, il approcha de la chair la pointe du scalpel, et d'une main que n'agitait aucun tremblement, avec la dextérité d'un chirurgien exécutant l'opération la plus simple, il fit à l'artère une incision longitudinale.

Un jet de sang, de la grosseur du petit doigt, s'élança de l'artère ouverte, décrivit une courbe et alla tomber dans la bassine.

Pascal, témoin de cette scène hideuse, ne manifestait aucune émotion.

Lui non plus ne tremblait pas.

Les deux complices étaient dignes l'un de l'autre.

— Je vois, mais je continue à ne point comprendre... — dit l'ex-secrétaire du comte de Thonnerieux. — A quoi bon cette complication? Ne pouvais-tu donc amener la mort en continuant l'usage de ton appareil?

— Je le pouvais... — Je ne l'ai pas voulu...

— Pourquoi?

— Pour la raison que je te donnais tout à l'heure, que tu n'as pas comprise et qu'une explication va mettre à ta portée. — Que va devenir ce cadavre? — Nous allons le jeter à l'eau, ou le laisser sur le bord d'un chemin... Dans l'un comme dans l'autre cas, on le trouvera, on le portera à la Morgue et on pratiquera l'autopsie... Qu'arriverait-il si je ne retirais pas du corps la masse de sang qu'il renferme? On retrouverait trace du kérosélène, et la proportion serait de 1 dans le sang et de 2,06 dans le cerveau...

» Or, le kérosélène, produit de l'Amérique dont on ne fait presque jamais usage en France, serait reconnu par les chimistes et attirerait fatalement l'attention, par conséquent les soupçons, sur le docteur américain Thompson, en relations d'affaires avec le marchand de livres Fauvel...

» En agissant comme je le fais, pas un atôme de sang, et, conséquence forcée, pas une trace de kérosélène ne restera dans le corps... — C'est simple et c'est logique...

— Oui, — répliqua Pascal. — Mais cette incision du cou subsistera et sera la preuve d'un crime...

— C'est à peine si elle se verra ; admettons cependant qu'on la découvre... Elle sera l'objet d'un étonnement plein d'épouvante... — On se perdra au milieu de conjectures dont aucune ne pourra conduire à la découverte de la vérité.

Pascal, bien ou mal convaincu, ne formula nulle objection nouvelle et regarda faire son complice.

Celui-ci, avec l'habileté d'un baigneur des étuves orientales, malaxait toutes les parties du corps de Fauvel, pressait de ses deux mains les sinuosités et les ramifications des veines, et faisait refluer le sang vers l'incision, d'où il continuait à jaillir avec une force non ralentie.

Ce hideux tableau en rappelle un autre du même genre, non moins effroyable, qui frappa d'épouvante toutes les imaginations dans les premières années de ce siècle, et qui n'est point oublié de la génération actuelle, car les recueils des *Causes célèbres*, le théâtre et le roman, en rendent le souvenir impérissable...

Nous voulons parler de FUALDÈS, attiré dans la sinistre masure de la veuve *Bancal*, étendu sur une table et *saigné* comme un porc par *Jausion* et *Bastide*, tandis qu'au dehors un joueur d'orgue, complice des assassins, faisait moudre à son instrument l'air de *Bouton-de-Rose*, pour empêcher d'entendre les cris de la victime.

Jacques Lagarde pencha le corps d'un côté, puis de l'autre, souleva la tête et la laissa retomber, pressant de nouveau les artères, dont le sang ne s'échappait plus que par saccades.

Bientôt il ne coula plus que goutte à goutte et finit par s'arrêter tout à fait.

Le cadavre avait pris une teinte de cire.

Les chairs semblaient transparentes.

Les jointures des membres conservaient leur élasticité.

Le docteur tira de sa poche un flacon, versa cinq ou six gouttes de son contenu dans une assiette, puis, avec une petite éponge imbibée de ce liquide, lava à plusieurs reprises l'incision longitudinale pratiquée par lui.

Il laissa s'écouler ensuite quelques secondes, et, montrant du doigt la plaie à Pascal, il lui dit :

— Regarde.

Le jeune homme se pencha vers le cadavre et, afin de mieux voir, prit son lorgnon, comme s'il s'agissait d'examiner la chose du monde la plus naturelle.

— Rien ! Plus rien ! — s'écria-t-il. — On croirait que les lèvres de la blessure se sont soudées !... — C'est stupéfiant !...

— La science opère des prodiges, — répliqua

Jacques en souriant; — mais ce n'est point l'heure de nous livrer à une dissertation scientifique, fort intéressante à coup sûr en tout autre moment... — Il faut faire disparaître d'ici toute trace de sang...

— Ce sera bien facile... — Pas une goutte de sang n'est tombée sur le carreau ; je vais vider cette bassine dans la Marne, et quant aux quelques éclaboussures qui maculent la table, un linge mouillé suffira pour les faire disparaître... — Ah! les précautions ont été bien prises...

— Sans vanité, je m'en flatte ! — répondit Jacques Lagarde en se frottant joyeusement les mains.

Dix minutes après, il n'existait plus au sous-sol du *Petit-Castel* la moindre preuve matérielle de l'effroyable crime qui venait d'y être commis.

Jacques et Pascal s'étaient débarrassés de leurs vêtements de caoutchouc, lavés, essuyés et serrés.

Une fois le cadavre disparu, la police aurait pu multiplier les recherches sans obtenir le moindre résultat.

— Que faisons-nous maintenant ? — demanda Pascal.

— Prends les clefs de Fauvel et ses papiers.

Le jeune homme fouilla les poches des vêtements du malheureux marchand de livres et il en retira tout ce qu'elles renfermaient.

— Le porte-monnaie est fort bien garni... — dit-il après l'avoir visité, il contient un billet de banque de cinq cents francs, un autre de cent francs et de l'or...

— Garde-toi d'y toucher ! — s'écria Jacques. — Laisse le porte-monnaie où il était... — Ne prends que les clefs et les papiers... — nous brûlerons les papiers, et les clefs nous serviront à nous emparer du *Testament rouge,* notre unique objectif.

Pascal glissa dans ses poches le portefeuille et le trousseau de clefs.

— N'oublions pas qu'il y a un chapeau et un pardessus dans le vestibule... — continua Jacques.

— Aucun danger de l'oublier... — Qu'allons-nous faire des vêtements du défunt ?

— Les lui remettre sur le dos, parbleu ! — Vite, rhabillons-le...

Antoine Fauvel, vêtu des pieds à la tête comme de son vivant, fut placé sur l'ascenseur qui le transporta dans la salle à manger et, après avoir rendu à l'office son apparence habituelle, Jacques et Pascal remontèrent au rez-de-chaussée en refermant les portes derrière eux.

— Débarrassons-nous sans retard de cet hôte incommode, — dit le docteur en désignant le cadavre.

Les deux complices lui firent endosser son pardessus, lui mirent son chapeau sur la tête, et le soulevant par les jambes et par les épaules, allèrent l'étendre sur la pelouse devant l'habitation.

— Et présentement? — demanda Pascal.

A cette question Jacques répondit par une autre.

— Pouvons-nous, en suivant le cours de la Marne, gagner Paris en canot? — fit-il.

— Oui.

— Eh bien, prépare le canot... — Nous y porterons notre homme...

— Pour le conduire?...

— Loin d'ici, ce qui déroutera complètement la police, si elle opère des recherches. Une fois dans Paris, nous laisserons le corps glisser à la Seine où il suivra le fil de l'eau... Alors, nous remonterons ici, nous amarrerons le canot à sa place habituelle et nous regagnerons Paris en voiture... — Tu comprends que si le diable lui-même se mettait en tête de suivre nos traces au milieu d'un pareil écheveau d'allées et de venues, il y perdrait son temps et ses peines...

La porte d'entrée du *Petit-Castel* fut fermée à double tour, le canot paré; — on y porta le corps de Fauvel, et bientôt le *New-York-City* — (ainsi se nommait la légère embarcation), — fila rapidement sous les efforts de quatre bras vigoureux.

Les berges de la Marne étaient silencieuses et noyées dans une obscurité profonde qu'augmentait encore un léger brouillard montant de la rivière.

Jacques et Pascal ramaient sans bruit *à la sourdine* pour ainsi dire, quoiqu'il n'y eût pas grand danger pour eux d'être épiés à pareille heure.

Au moment où sonnaient les douze coups de minuit aux clochers répandus dans la campagne sur les deux rives, ils se trouvaient en pleine Seine, entre Bercy et Charenton.

En cet endroit la rivière est large.

Ils avaient soin, d'ailleurs, de se maintenir au milieu de son lit, ce qui les rendait absolument invisibles pour des yeux indiscrets.

— Respirons un peu... — dit Jacques en laissant retomber ses avirons.

— Ce ne sera point trop tôt... — répliqua Pascal en imitant son complice, — mes bras commençaient à s'engourdir...

L'embarcation livrée à elle-même suivit lentement le courant de l'eau fort peu rapide.

Bientôt elle prit le travers, et s'en alla plus lentement encore à la dérive.

Pascal et Jacques avaient allumé des cigarettes.

Ils fumaient sans échanger une parole, regardant devant eux la masse sombre du vieux Paris, plus noire que les ténèbres elles-mêmes.

Les silhouettes rigides des hauts monuments se dessinaient d'une façon vague sur le ciel, que commençaient à rendre moins obscur les clartés pâles de la lune émergeant à l'horizon.

Au loin, les rangées de bec de gaz alignés le long des quais formaient des traînées lumineuses.

Les ponts qui barraient la Seine semblaient piquetés de gouttelettes de feu.

Le canot approchait du pont de Bercy.

Soudain Jacques tressaillit, pencha vivement la tête et regarda non sans inquiétude, quelque chose d'inattendu faisant tache sur la rivière.

C'était l'ombre produite par un bateau.

Au milieu de cette ombre brillait une petite lueur, — celle d'un fanal sans doute.

Jacques étendit la main vers l'objet suspect, et demanda très bas à Pascal :

— Que diable est-ce donc que cela?

Le jeune homme regarda.

Avant qu'il ait eu le temps de répondre, une voix rude se fit entendre.

— Oh! du bateau, — cria cette voix, — avancez à la patache

— Tonnerre! — dit Pascal, — c'est un bateau de douaniers qui va faire la visite de quelque *chaland* qui descend là-bas, et la patache est le bureau de douane de la navigation... — Ce bateau-là monte en haute Seine, mais nous sommes signalés, il en viendra un autre à notre rencontre... — les douaniers voudront s'assurer que nous ne passons rien en fraude... — ils verront le cadavre... — Je n'avais pas pensé à cela...

— Que faire ?...

— Nous débarrasser de ce fâcheux colis en le jetant à l'eau avant d'arriver en face de la patache, virer de bord et regagner la Marne ; — vite, Jacques, soulevons le corps et laissons le glisser à l'eau sans bruit.

Les deux complices saisirent la dépouille mortelle du bouquiniste de la rue Guénégaud, et la firent couler dans la Seine, les pieds les premiers, à l'arrière de l'embarcation.

Il n'était que temps.

Cent mètres tout au plus les séparaient encore du bureau de la douane où jour et nuit on fait bonne garde.

— Aux avirons, maintenant ! — reprit Pascal. — Virons de bord et filons !

A deux heures du matin, le canot était amarré de nouveau à sa place habituelle près du petit embarcadère, Pascal attelait la voiture dans laquelle montait Jacques Lagarde, et le cheval prenait au grand trot la route de Paris.

Le jour naissait au moment où le coupé entrait dans la cour de l'hôtel de la rue de Miromesnil.

L'Alsacien, réveillé, conduisit le cheval à l'écurie

et remisa le véhicule, tandis que les deux misérables allaient prendre un peu de repos.

Dès neuf heures du matin ils étaient debout, habillés et se rejoignaient.

— Chez Fauvel, n'est-ce pas? — demanda Pascal.
— Oui. — Tu as les clefs?
— J'ai tout ce qu'il faut.
— Partons.

A dix heures, Pascal et Jacques arrivaient rue Guénégaud.

Cette rue, peu fréquentée et par conséquent très calme pendant la semaine, est d'habitude complètement endormie, ou plutôt morte, le dimanche.

Ce dimanche-là, par exception, quoique le temps magnifique eût invité les citadins aux promenades suburbaines, une grande animation se manifestait dans la rue.

Des groupes se formaient çà et là sur les trottoirs, sur la chaussée où les voitures brillaient par leur absence, aux portes entrebâillées des boutiques, et les conversations étaient animées.

— Qu'y a-t-il donc par ici ? — murmura Pascal. — Voici une foule fort importune.

— Au milieu de laquelle nous passerons inaperçus... — répliqua Jacques. — C'est excellent pour nous...

— Je suis d'un avis tout opposé... — reprit le

jeune homme devenu très soucieux. — La partie du trottoir qui se trouve devant la maison qu'habitait Fauvel est encombrée... — Regarde...

Il suffit d'un coup d'œil attentif au docteur pour se convaincre que son complice ne se trompait point.

Plus de cinquante personnes se massaient en face de la porte du numéro 9, et deux ou trois gardiens de la paix cherchaient, mais sans y réussir, à rétablir la circulation en dispersant ce groupe.

— Tu as raison, — dit Jacques, — il se passe ici quelque chose qui n'est pas naturel... Mais, quoi ?

— Nous allons le savoir...

— Comment ?

— En écoutant d'abord, et ensuite en questionnant au besoin...

— De la prudence !...

— Sois paisible !...

Les deux hommes s'approchèrent d'un petit rassemblement au milieu duquel pérorait un monsieur prolixe qui semblait fort au courant et qu'on écoutait avec recueillement.

Par malheur il venait d'arriver à la fin de son récit au moment où Jacques et Pascal prêtaient l'oreille.

— Enfin, est-il sous les verrous ?... — demanda une voix.

— Mais non... mais non... — répondit le narrateur, — il n'est point arrêté... je viens de vous le dire... vous ne m'avez donc pas compris?... Il m'avait semblé pourtant que je m'exprimais de façon très claire... — Quand la police a opéré une descente chez lui, hier soir, à dix heures, il était absent de son domicile, et depuis lors il n'est point rentré.

— Oh ! c'était un malin ! — fit un commerçant du quartier qui se trouvait au nombre des auditeurs. — Il se sera douté du coup, pour sûr !... Je le connais depuis plus de quinze ans, moi, le vieux gueux, et je me suis toujours douté qu'il y avait de vilains côtés dans son commerce et que ça finirait par lui causer, un jour ou l'autre, de grands ennuis. — Ça prouve que j'ai pas mal de jugeotte.

Pascal toucha l'épaule du commerçant et lui dit, en le saluant avec la plus exquise politesse :

— Permettez-moi de vous demander, monsieur, de qui vous parlez...

— Je parle d'Antoine Fauvel.

En entendant ce nom Jacques et Pascal échangèrent un rapide coup d'œil, puis l'ex-secrétaire du comte de Thonnerieux reprit :

— Ceci ne m'apprend rien. — Qu'est-ce que c'est que cet Antoine Fauvel ?

— Un marchand de vieux livres... un bouquiniste, qui demeure au numéro 9.

— Et vous dites que la police a opéré chez lui une visite domiciliaire ?

— Oui, monsieur, hier au soir.

— De quoi l'accusait-on ?

— De faire le commerce d'ouvrages précieux volés dans les bibliothèques de l'Etat.

— A-t-on eu la preuve que l'accusation était fondée ?...

— Il paraît que oui, car on a emporté un coffre-fort et un tas de livres... la charge de deux grands fiacres... — Et tenez, regardez, ajouta le commerçant en désignant une voiture à bras qui sortait de la maison de Fauvel, pleine de bouquins et escortée par deux sergents de ville, — voilà qu'on en emporte encore à la Préfecture... — Depuis ce matin, c'est comme ça !...

Les groupes durent s'entr'ouvrir pour laisser le passage libre à la voiture à bras.

— Merci, monsieur... — dit Pascal.

Et, prenant le bras de Jacques, il l'entraîna.

Tous deux étaient pâles. — Tous deux avaient les sourcils froncés.

Arrivés sur le quai, ils s'arrêtèrent.

— Point de veine !! — murmura le plus jeune des associés. — Nous avons opéré un jour trop tard ! — La police a été mieux avisée que nous ! — *Le Testament rouge* nous échappe !!

— Oui, — répliqua Jacques d'une voix sourde au bout d'un instant. — Le *Testament rouge* nous échappe, mais la fortune ne nous échappera pas !!
— Tant pis pour les porteurs de médailles ! — La mauvaise chance, dans cette affaire, est pour eux, non pour nous !!

Raymond Fromental, en suivant la piste des voleurs de livres dans les Bibliothèques de l'Etat, en mettant la main sur leur receleur, en livrant à la justice les volumes dérobés au nombre desquels se trouvait le *Testament rouge*, ne soupçonnait guère qu'il venait de prononcer sans doute l'arrêt de mort de son fils !...

XXI

Quoique Jacques Lagarde et Pascal Saunier fissent contre mauvaise fortune bon cœur et ne voulussent point s'avouer vaincus, la partie dont ils venaient de perdre la première manche après avoir eu tous les atouts en main leur causa dans les premiers moments un découragement extrême, qu'ils ne s'avouaient point l'un à l'autre et que chacun d'eux refusait presque de s'avouer à lui-même.

Mais ce découragement dura peu.

Ainsi que nous venons de l'entendre dire à Jacques Lagarde, il leur restait un moyen de prendre leur revanche, moyen terrible auquel ils avaient provisoirement renoncé, alors qu'ils croyaient réussir d'une façon beaucoup plus simple du côté de Fauvel.

Leurs calculs se trouvaient déjoués par le hasard.

Fauvel venait de périr, tué par eux, et le crime commis restait inutile.

Donc il devenait indispensable de recourir au grand moyen, au moyen terrible.

La suppression des héritiers du comte de Thonnerieux les mettrait en possession de toutes les médailles, et ces médailles réunies feraient ce que le *Testament rouge* n'avait pu faire.

La mission de Pascal allait être désormais de préparer les pièges où se prendraient ceux des héritiers sur lesquels on ne pourrait agir par la beauté de Marthe, l'infériorité de leur condition sociale ne permettant pas de les introduire dans ce milieu particulier où le pseudo-Thompson comptait attirer Fabien de Chatelux, Paul Fromental, et le séminariste René Labarre, le neveu de feu Antoine Fauvel.

Pascal aurait donc à s'occuper de Jules Boulenois, dit la Fouine, le pêcheur endurci que nous connaissons, d'Amédée Duvernay, le tapissier, et de Marthe-Émilie Berthier.

Pour faire disparaître celle-ci, il faudrait aller à Genève où, d'après le testament du comte, elle devait résider.

Notons en passant que M. de Thonnerieux avait ignoré le mariage de Périne Berthier, et la reconnaissance qui lui donnait le nom de Grandchamp.

Les deux misérables, réunis dans le cabinet de

travail du docteur, causaient de leurs projets, et laborieusement échafaudaient le scénario du formidable drame en préparation.

— Ne m'as-tu pas dit, — demanda Pascal — qu'Amédée Duvernay n'était plus porteur de sa médaille ?...

— Je te l'ai dit. — Cette médaille, qu'il craignait de perdre, a passé de ses mains dans celles d'une jeune fille avec laquelle il vit, et qu'il compte épouser quand il sera majeur...

— Comment se nomme cette jeune fille ?

— Virginie... — Prends bien note de tout cela...

— Je prends note de tout et toujours...

Pascal en effet tira de sa poche un agenda sur lequel il traça quelques lignes au crayon, puis, relevant la tête, il poursuivit :

— Ah ! ça, mais, je ne vois point du tout la nécessité de prendre des mesures spéciales à l'égard d'Amédée Duvernay...

— Comment cela ?

— Puisque ce jeune homme n'est pas détenteur de la médaille, sa suppression me paraît inutile, et celle de Virginie s'impose...

— Tu n'as raison qu'en apparence... — Amédée, si nous étions assez maladroits pour le considérer comme une quantité négligeable, pousserait des cris de paon au sujet de la disparition de sa maîtresse et parlerait de la médaille qu'elle portait à son cou ; — il n'en faudrait pas plus pour éveiller les soupçons de la police et provoquer une enquête qui pourrait nous perdre... — Au point où nous en sommes tout scrupule serait insensé ! — On ne fait pas d'omelette sans casser des œufs ! — De l'énergie, mon cher, et coup double !

— De l'énergie, j'en aurai, et jamais les scrupules ne m'ont paru gênants !... — Dans huit jours Duvernay et sa maîtresse ne nous barreront plus la route...

— Je compte sur toi... — Quant à La Fouine...

— Oh ! lui, c'est trop facile... — interrompit Pascal.

— Tandis que tu agiras au dehors pour le mieux de nos intérêts, — reprit Jacques, — j'entrerai jusqu'au cou dans la peau du docteur Thompson, et je me consacrerai à ma clientèle qui, d'après les nombreuses lettres que je reçois, va devenir très considérable.

— La besogne faite ici, — demanda l'ex-secrétaire du comte de Thonnerieux, — devrai-je partir immédiatement pour Genève ?

— C'est à voir. — Nous nous occuperons en dernier lieu de Marthe Berthier. — Qui sait si les médailles récoltées par nous d'ici là ne nous donneront pas le mot de l'énigme sans que nous ayons besoin de les réunir toutes... — La suppression de la jeune fille de Genève deviendrait alors inutile...

— En somme, c'est possible... — Nous verrons... — C'est demain que tu ouvres ton cabinet de consultation ?...

— Oui. — Tous les journaux de ce soir l'annonceront...

— Quand donneras-tu la fête où tu comptes réunir les *princes de la science*, comme on dit, et les notabilités mondaines dont nous avons eu les adresses ?

— Dans cinq jours. — Je te prie de faire préparer les lettres d'invitation...

— Elles sont prêtes. — Il n'y a qu'à écrire la date et qu'à les envoyer. — Elles seront à la poste dans une heure et remises ce soir à destination...

— Bien. — Pour le reste, hâte-toi ! — Le temps vaut de l'or ! — Tu viens de voir ce qu'un retard de quelques heures nous a coûté ! — Qui sait si le valet de chambre du comte, si bêtement accusé d'avoir volé le testament de son maître, ne possède pas une partie du secret... — Il pourrait parler au juge chargé d'instruire son affaire et donner l'éveil.

— Ceci est inadmissible... — répliqua Pascal...

— Pourquoi ?

— Par cette excellente raison que Jérôme, s'il avait eu quelque chose à dire, aurait déjà parlé pour se disculper... — L'accusation absurde mais vraisemblable qui pèse sur lui est notre égide...

— Soit, mais nous marchons dans une route dangereuse... — Il faut tout prévoir. — On ne se perd jamais par excès de prudence !... — As-tu lû les journaux de ce matin ?

— Oui.

— Toujours rien au sujet du bouquiniste ?

— Pas un mot... — Il faut croire qu'on n'a point repêché le *maccabé*...

— Et trois jours se sont écoulés déjà ! — La Seine aura eu le temps de rouler bien loin la funèbre épave... — Tout va bien !...

On vint prévenir le docteur Thompson et son secrétaire que le déjeuner était servi.

Ils rejoignirent aussitôt Angèle et Marthe qui les attendaient dans la salle à manger.

Depuis le retour à Paris la délicieuse figure de Marthe offrait une expression de mélancolie ressemblant beaucoup à de la tristesse.

Jacques, à qui cette tristesse ne pouvait échapper, avait voulu en connaître les causes, mais rien de positif n'était résulté pour lui des réponses vagues et évasives de l'orpheline à ses questions.

Ignorant les derniers incidents racontés par nous et ne pouvant les deviner, il ne lui resta d'autre ressource que d'attribuer les humeurs sombres de la jeune fille au chagrin profond causé par la mort de sa mère et sur lequel le temps n'avait point de prise.

Parfois Jacques restait songeur pendant quelques minutes, les yeux fixés sur le visage exquis de Marthe.

Chaque fois qu'il se laissait aller à cette contemplation muette et pour ainsi dire extatique, il en sortait sombre et triste autant que l'orpheline elle-même.

Un sentiment étrange, inconnu de lui jusqu'alors, naissait et grandissait dans l'âme de ce monstre.

**

Raymond Fromental, — nous l'avons dit, — avait ressenti une joie profonde à la suite du coup de maître par lequel il livrait à la justice trois des voleurs de livres dans les bibliothèques de l'Etat; mais cette joie n'était pas sans mélange et la justice ne se déclarait point satisfaite puisque Fauvel lui échappait, Fauvel, le receleur, par conséquent le principal coupable, l'homme à qui les vols rapportaient le plus.

Certains papiers trouvés au cours de la perquisition faite rue Guénégaud permettaient de croire que d'autres complices existaient.

A tout prix il fallait retrouver le bouquiniste qui, se sentant perdu, les dénoncerait certainement afin de se créer quelques titres à l'indulgence des juges.

Sans doute il avait eu des soupçons, des inquiétudes, et par prudence il s'était éloigné soudainement pour éviter une arrestation.

De tous côtés, le télégraphe transmettait des ordres le concernant.

Son signalement très exact avait été envoyé aux frontières et aux agents français à l'étranger.

Les brigades de gendarmerie des environs de Paris fouillaient les campagnes, furetaient, interrogeaient, bref on ne négligeait rien pour se mettre à même de confronter bientôt Fauvel avec le juif Abraham et les deux autres voleurs, dont une voleuse, — déjà sous les verrous.

Fromental, sans cesse sur la brèche pendant les derniers jours et brisé de fatigue, avait résolu de prendre un peu de repos auprès de son fils dont il se trouvait séparé depuis un temps qui lui semblait bien long.

Le matin du jour où commence cette seconde partie de notre récit, il avait reçu une lettre de Madeleine.

La brave servante, qui désirait ne point alarmer son maître, s'était efforcée de cacher ses angoisses personnelles, mais la contrainte qu'elle s'imposait se devinait à chaque ligne, et les ambiguïtés, les réticences de cette naïve épître firent soupçonner au pauvre père ce que Madeleine ne voulait pas lui révéler de façon brutale.

— J'irai à Créteil aujourd'hui même, — se dit-il après avoir lu cette lettre. — Je vais porter mon rapport au chef et solliciter un congé de quelques jours... — On ne peut me refuser cette bien faible récompense du succès que je viens d'obtenir, et ce n'est demander, en somme, que la continuation du congé accordé précédemment.

En toute hâte il se rendit à la Préfecture, au cabinet du chef de la Sûreté.

Celui-ci expédiait diverses affaires urgentes et ne pouvait recevoir immédiatement son subordonné.

Raymond fut donc obligé d'attendre, et dans la disposition d'esprit où il se trouvait, enchaîné par le devoir tandis que l'amour paternel surexcité l'appelait auprès de Paul, les minutes lui semblaient effroyablement longues.

Son attente dura plus d'une heure... — Un siècle !...

Enfin il put franchir le seuil du cabinet.

— Mon cher Fromental, — lui dit le chef en lui tendant la main, — je suis heureux de vous voir... — J'ai une bonne nouvelle à vous annoncer...

— Une bonne nouvelle à moi ! — s'écria Raymond palpitant, — Serait-ce ?...

Il n'acheva pas sa phrase.

— Non, pas encore... — répondit le chef qui l'avait compris — cela tardera peu maintenant, je l'espère, mais aujourd'hui il s'agit d'autre chose... — sur la demande du préfet, et comme récompense du service rendu à l'Etat, une gratification de 2,000 francs vous est accordée... — Voici le mandat que vous toucherez à la caisse.

— Je vous remercie personnellement, monsieur, et je suis très reconnaissant à M. le préfet d'avoir bien voulu penser à moi... — répondit Raymond avec une froideur manifeste, car il venait d'éprouver une cruelle déception.

— Vous espériez mieux que de l'argent, je le vois bien... — reprit le chef, — mais vous ne devez pas moins vous sentir très heureux. — La faveur dont vous êtes aujourd'hui l'objet est un acheminement vers celle que vous ambitionnez... — Vous pouvez compter absolument sur moi, vous le savez... — Profitez du moment où vous êtes de nouveau bien noté, pour présenter votre requête au ministre et pour la faire appuyer par quelques personnes influentes... — Je vous donnerai pour ma part un bon coup d'épaule, malgré tout mon regret de perdre un collaborateur tel que vous.

— C'est sur vous que je compte le plus, monsieur, — répliqua Fromental, — et je vous supplie de me venir en aide le plus tôt possible, car j'ai peur d'être obligé de rappeler mon fils à Paris, et les dangers de révélations indiscrètes que je craignais tant et dont je vous ai parlé, vont renaître...

— Rappeler votre fils ! — Pourquoi ? — ne se trouve-t-il donc pas bien dans l'endroit où vous l'avez conduit et où vous pouvez aller le visiter ?

— J'ai reçu ce matin une lettre de la femme qui l'a élevé et que j'ai placée près de lui... — Cette lettre est obscure à dessein, mais son obscurité même me fait supposer que mon fils est plus malade depuis quelques jours que je ne l'ai vu...

— Rien ne prouve que vous ne vous alarmiez point sans cause.

— Combien je voudrais le croire ! — Quoi qu'il en soit, je suis très tourmenté, très malheureux, et je viens solliciter de vous un congé de quelques jours.

— Ah ! mon cher Fromental, — s'écria le chef avec une expression de contrariété vive, — quel mauvais moment vous choisissez pour m'adresser cette demande !

— Cependant, monsieur... — commença Raymond surpris.

Le chef lui coupa la parole.

— Détestable moment ! ! — reprit-il. — Oui, je le répète, votre demande est inopportune et malencontreuse ! !

— Mais, enfin, pourquoi ?

— Parce que le procureur de la République désire que vous soyez personnellement chargé des recherches qui doivent nous livrer Fauvel, et tient à ce que vous vous mettiez à l'œuvre sur-le-champ.

— Toujours sur la brèche, donc!... — murmura Fromental avec découragement.

— Il s'agit de votre devoir.

— Eh! monsieur, je le sais bien, mais vous oubliez que je suis père... que mon enfant est frappé, mortellement, peut-être... — Si je ne puis m'occuper de lui, si je ne suis pas là pour lutter contre le mal terrible dont il est atteint, il mourra jeune... — Ses jours sont comptés, on me l'a dit... Son arrêt est prononcé, à moins que je ne puisse l'avoir auprès de moi sans cesse... veiller sur lui... lui faire suivre un traitement... — Cela, puis-je le faire, si je dois continuer sans trêve ni repos un service absorbant qui me laisse à peine le temps de prendre un peu de sommeil?... — Je vous en supplie, monsieur, au nom de l'humanité... au nom de vos enfants puisque vous êtes père, daignez m'accorder trois mois... le temps de guérir mon fils!... — On m'a donné l'assurance positive qu'il pourrait, en trois mois, être hors de danger... — Laissez-moi libre pendant ce temps près de lui, et vous aurez fait une bonne action dont Dieu vous récompensera en veillant sur vos fils!!!

Le chef de la Sûreté se leva, en fronçant le sourcil.

— Monsieur Fromental, — répondit-il d'une voix sèche, — il n'est point en mon pouvoir de faire droit à la requête que je vous entends à regret m'adresser. — Nous sommes vos créanciers, vous le savez bien. — Vous nous devez tout votre temps, toutes vos heures... vos nuits aussi bien que vos jours !... — Rien absolument ne vous empêche de vos préoccuper de la santé de votre fils, et de nous servir en même temps. — L'amour paternel n'a jamais été, ne sera jamais incompatible avec le devoir... Je vous accorde un jour de liberté... — Profitez-en pour aller voir votre enfant, et demain, dès la première heure, venez prendre mes ordres...

Raymond comprit qu'insister davantage serait inutile...

Quoi qu'il fit, il n'obtiendrait rien.

Le magistrat venait de remplacer l'homme. — Ce n'était plus le protecteur bienveillant, presque l'ami qui parlait, c'était le chef, c'était le maître.

Le malheureux père ne prononça plus une parole.

Il s'inclina comme doit s'incliner un subordonné correct, et il se retira en essuyant les larmes qui mouillaient ses paupières.

Le visage du chef n'exprimait plus maintenant qu'une immense commisération, tandisque ses lèvres murmuraient :

— Pauvre Fromental... il me croit dur... il me croit sans pitié... comme il se trompe !!! Je ne puis faire pour lui mieux que cela... lui donner plus d'un jour. — Moi aussi j'ai mon devoir à remplir !...

XXII

Raymond Fromental sortit de la Préfecture en titubant comme un homme ivre.

Deux agents en sous-ordre qui le regardaient s'éloigner, se poussèrent du coude et l'un dit à l'autre en souriant :

— Tonnerre !... il a écrasé un rude grain. — Si le patron le voyait, quelle mise à pied !

Tandis qu'on l'accusait ainsi d'avoir bu plus que de raison, le malheureux pensait :

— Pas même le droit d'être père ! pas même le droit d'aimer mon fils !... pas même le droit de donner ma vie pour sauver la sienne ! — Allons, je suis maudit !

Il sauta dans un fiacre, se fit conduire en toute hâte au chemin de fer de Vincennes, prit un billet et, juste une heure après son départ, il arrivait à Port-Créteil.

En le voyant arriver, Madeleine poussa un cri de joie.

— Vite ! dis-moi comment va Paul ? — fit-il avec anxiété.

— Ah ! mon cher maître, depuis que vous n'êtes venu, comme il a pâli... comme il a changé !...

— Mais qu'est-ce qu'il a ?

— Je ne sais pas...

— Tu l'as questionné, cependant ?...

— Ah ! oui, je l'ai questionné !...

— Que t'a-t-il répondu ?

— Mon cher maître, c'est à peu près comme si j'avais parlé à l'un des saules que voilà le long de la rivière. — A toutes mes questions il répondait : — *Je n'ai rien...* — Autant ne point répondre ! — il ne dort plus... il ne mange pas de quoi se soutenir...

— Ah ! le pauvre enfant fait peine à voir...

Et la vieille servante éclata en sanglots.

— Voyons, voyons, ma bonne Madeleine, — dit vivement Raymond, — calme-toi !

— Est-ce que je peux ?...

— Il faut pouvoir ! — Nous devons cacher à Paul nos inquiétudes et nos craintes qui certainement aggraveraient son mal... — Où est-il en ce moment ?

— Est-ce que je sais ?... — Sur les bords de la Marne sans doute... — Il va s'y asseoir pendant des heures entières, et je l'ai surpris plus d'une fois les yeux fixés sur les arbres de l'autre bord, avec une expression toute drôle...

— Va-t-il toujours s'asseoir au même endroit?

— Dame !... ça ne varie guère...

— De quel côté ?...

— Sur le chemin de halage en montant vers Charenton...

— Eh! bien, je vais à sa recherche... — Nous reviendrons ensemble...

— Vous déjeunerez ici, mon cher maître?

— Et j'y dînerai aussi... — j'y passerai la journée tout entière, et j'ai même l'intention de ne repartir que demain matin...

Paul, en effet, ne quittait guère le chemin de halage.

Ses yeux étaient tournés sans cesse vers le parc du *Petit-Castel*, espérant toujours voir apparaître sous les arbres le visage adoré de la *Fée des Saules*,

Il passait ainsi de longues heures silencieuses, semblant prendre à tâche d'aviver son chagrin par le souvenir.

Le jeune homme n'avait point vu la Fouine depuis le jour où celui-ci s'était laissé conter par Angèle que Marthe venait de partir pour l'Amérique ; — le pêcheur, ne voulant pas apprendre à Paul cette mauvaise nouvelle et craignant de ne pouvoir garder le secret, avait évité de le rencontrer.

Dans le but de rendre toute rencontre improbable, il ne pêchait plus aux mêmes endroits depuis quelques jours, et c'était maintenant aux environs de Joinville-le-Pont qu'il allait amorcer ses *coups*, et tenter la chance.

Paul n'avait donc pas même la ressource de parler de son amour au pêcheur, son unique confident. — Or, rien au monde ne soulage comme de raconter ses douleurs. — Le fardeau dont on porte le poids sur ses épaules s'en trouve allégé de moitié.

Le fils de Raymond ne voulait point se confier à Madeleine, et son isolement continuel, son mutisme forcé, redoublaient son mal.

Ses joues se creusaient.

La pâleur de son visage prenait des teintes livides.

Ses yeux entourés d'un cercle bleuâtre et ses paupières rougies portaient la trace des insomnies et des larmes versées.

Le jeune homme était encore assis sur la berge, à la même place, les yeux tournés comme de coutume vers le parc du *Petit-Castel*.

Fromental qui, suivant les indications de Madeleine, s'était mis à sa recherche en remontant le chemin de halage, l'aperçut de loin dans cette pose abandonnée et marcha plus vite.

Bientôt une très courte distance le sépara de son fils, mais celui-ci s'absorbait si complètement dans sa pensée qu'il n'entendit point le bruit des pas, et qu'il ne vit point l'ombre de son père s'allonger sur le gazon près de lui.

Raymond s'était brusquement arrêté.

Le visage pâle, amaigri, maladif, de son enfant bien-aimé frappa ses regards, et il se fit dans son cœur un grand déchirement, tandis qu'il contemplait avec une stupeur douloureuse cette jeune figure portant les stigmates de la souffrance.

Sans qu'il en eût conscience, sa poitrine se souleva. — Un sanglot s'échappa de sa gorge.

Arraché tout à coup à sa rêverie, Paul releva la tête et vit son père qui lui tendait les bras et dont le visage était baigné de larmes.

D'un bond l'enfant fut debout, courut à lui et lui jeta ses bras autour du cou.

Pendant quelques secondes on n'entendit d'autre bruit que les clapotements de la rivière, et les sanglots étouffés du père et du fils.

Paul fut le premier à se remettre.

Il comprenait bien que son père allait le questionner au sujet du chagrin qui le minait, et il voulait reconquérir son sang-froid, se tenir en garde, cacher son secret et détourner les soupçons de celui qui, plus que personne au monde, avait le droit de lui demander des comptes.

— Ah! cher bon père, — s'écria-t-il en couvrant de baisers les joues de Raymond, — si tu savais comme je suis heureux de te voir !

— Et moi, cher enfant, je suis tout à la fois heureux et désolé, — répondit Fromental en regardant son fils avec une tristesse profonde.

— Désolé! — demanda Paul vivement. — Pourquoi?

— Parce que tu es plus souffrant... — Je ne m'étais pas trompé en lisant la lettre de Madeleine... — Mon instinct paternel m'avait bien servi...

— Madeleine t'avait donc écrit ?

— Oui, et son devoir était de le faire. — La pauvre femme qui t'aime de tout son cœur avait été frappée, comme je le suis moi-même, du changement qui s'est opéré en toi... — Elle m'a écrit, mais sans oser me dire toute la vérité. — Elle voulait me laisser juge de l'étendue du mal... — Ce mal est très grand, s'il faut s'en rapporter aux symptômes qui l'accompagnent... — Paul, mon fils, mon cher enfant, qu'as-tu donc ?

— Mais, père, je n'ai rien... — répondit le jeune homme avec assurance. — Toi et Madeleine vous vous inquiétez à tort !

Raymond haussa les épaules.

— A tort ! — répéta-t-il.

— Sans doute...

— Explique-moi donc alors pourquoi ton visage est plus maigre, tes joues plus creuses, ton teint plus pâle qu'il y a huit jours ? — Depuis une semaine, tes yeux ont perdu l'éclat qui leur restait encore. — Tu souffres, mon enfant...

Paul essaya de sourire.

— Non, père, — dit-il, — je ne souffre point...

— Je ne te crois pas... — Tu cherches à me tromper pour me rassurer, mais ta figure dément tes paroles...

— C'est donc ma figure qui est menteuse, car je n'éprouve aucune souffrance physique, père, je te l'affirme.

— Aucune souffrance physique, peut-être. Une souffrance morale, alors ?

Paul sentit son cœur battre à coups rapides et l'émotion le saisit à la gorge.

Cependant il balbutia :

— Quelle pourrait être cette souffrance morale ? — Que manque-t-il à mon bonheur ?

— Eh ! le sais-je, moi ? — Peut-être, malgré l'immensité de ma tendresse, ne suis-je pas assez clairvoyant pour comprendre tes pensées, pour deviner tes besoins, tes désirs.

— Père bien-aimé, ne dis pas cela et garde-toi bien de le croire ! — répliqua Paul. — Tu n'as rien à deviner, rien à prévoir... J'ai tout ce que je désire.. Tu fais pour moi tout ce que tu peux...

La voix du jeune homme, en prononçant ces paroles, avait une expression qui remua Raymond jusqu'au fond de ses entrailles.

— Paul, tu n'es pas franc avec moi, — dit-il en regardant son fils bien en face, dans le blanc des yeux.

— Moi... père ?... — balbutia l'enfant.

— Oui... tu as un secret que tu me caches... une douleur que tu veux garder pour toi seul.

Un petit frisson courut sur l'épiderme de Paul qui sentit son secret prêt à lui échapper.

— Eh bien père, — dit-il vivement, — puisque tu veux tout savoir, oui, c'est vrai, je souffre... mais d'ennui... rien que d'ennui...

— D'ennui ?

— Sans doute... — Seul ici avec Madeleine, j'ai des heures de mélancolie qui n'ont point de cause... des humeurs noires... des tristesses vagues... Tout cela est ridicule, je ne l'ignore point... — Je voudrais triompher de ces faiblesses... j'essaye... je lutte... je suis vaincu. — Cela doit tenir à ma constitution débile... à mon tempérament nerveux... Mais je n'ai point de secret, père... point de douleur...

— Pourquoi cette obstination dans le mystère ? — se demanda Raymond incrédule, — que me cache-t-il donc ?...

— Tiens, vois-tu, — continua Paul, — me voilà déjà plus animé, plus gai... C'est que l'ennui vient de disparaître... — il me semble que ta visite m'était nécessaire... — Elle me revivifie ! — tu passeras la journée avec moi, n'est-ce pas, père ?...

— Oui, cher enfant... — mon plus vif désir serait de passer ici plusieurs jours, mais cela est impossible...

— Tu n'as point encore terminé tes travaux ?

— Non... et peut-être m'absorberont-ils plus longtemps que je ne croyais... — Je suis forcé de faire en province de fréquents voyages... Cependant, j'aurais voulu que tu vinsses passer quelques jours à Paris...

— A Paris !... — répéta Paul effrayé par l'idée de s'éloigner du *Petit-Castel* où il espérait revoir un jour la *Fée des Saules*. — Tu veux que je quitte la campagne ?...

— Momentanément, oui... — J'aimerais t'avoir à mes côtés pour m'occuper de toi sans cesse... pour combattre tes humeurs noires... tes tristesses...

— Tu viens de me dire que tu étais forcé de faire de fréquentes absences.

— Sans doute... — Mais puisque tu t'ennuies ici...

— Il me semble que je m'ennuierais encore davantage à Paris... quand tu n'y serais plus avec moi.

— Tu aurais du moins la ressource d'aller visiter les personnes que nous connaissons. — Tu recommencerais à voir ton ami Fabien de Chatelux... Tu partagerais ses distractions..... ses plaisirs...

— Non... non... père, pas cela! — J'aime mieux rester ici...

— Cependant la solitude...

— La solitude me plaît encore plus que le bruit de Paris.

— Voilà qui est au moins singulier... — se dit Raymond; — il ne veut pas quitter Créteil où l'accable un ennui mortel... Pourquoi? — Allons, décidément, il me cache quelque chose...

— Tout bien considéré, père, — continua Paul, — je serai mieux ici avec Madeleine qu'à Paris, presque toujours sans toi... — Ici, du moins, j'ai le grand air et le plein soleil... — Ce serait dommage d'ailleurs de ne point profiter des beaux jours à la campagne et d'aller m'enfermer dans notre logement un peu sombre de l'île Saint-Louis... — Réfléchis, père chéri, et tu verras que tu penseras comme moi...

— Je ferai, cher enfant, et je te laisserai faire tout ce qui te sera agréable, — répliqua Raymond. — Cependant j'ai formé un projet qui s'accomplira, même s'il en devait résulter pour toi une contrariété passagère...

— Quel est ce projet, père?

— Je veux consulter au sujet de ta santé.

— Consulter un médecin!..

— Oui, un médecin très savant... très habile... un spécialiste américain qui vient d'arriver à Paris où il ouvre un cabinet de consultation et dont on dit déjà le plus grand bien... — Je l'ai vu... je lui ai parlé de toi.

— Ah! ça, père, décidément tu me crois donc malade?

— Malade, certes non, cher Paul, mais ta santé est délicate, tu en conviens toi-même, et tu dois trouver tout naturel que je cherche les moyens de la raffermir et de donner à ta constitution la vigueur qui lui manque... — Sans cela, serais-je un bon père?

— Tu es le plus parfait des pères et le meilleur des hommes!... — s'écria Paul en jetant ses deux bras autour du cou de Raymond. — Je suis prêt à t'obéir en toutes choses... à aller avec toi chez ce docteur américain...

— Et tu suivras ses conseils?

— Oui.

— Tu te soumettras au régime qu'il prescrira?

— Je m'y soumettrai.

— Tu prendras même ses médicaments s'il en ordonne ?

— De grand cœur !... Quand ce ne serait que pour te satisfaire...

— Ah ! cher enfant, quelle joie tu me causes !...

— C'est à Paris qu'il demeure, m'as-tu dit, ce médecin ?

— Oui.

— Eh bien ! rien ne m'empêchera d'aller d'ici à ses consultations, s'il a besoin de me voir plusieurs fois.

— Tu iras, tu me le promets ?

— Je te le jure.

— Alors, ce soir, après dîner, nous partirons ensemble pour Paris... — Nous nous rendrons tous deux, demain matin, chez le docteur, et il t'indiquera les jours où tu devras retourner chez lui.

— Ces jours-là, je serai exact. — Mais craignais-tu donc que l'idée de voir un médecin ne m'effraye et que j'aie de la répugnance à te satisfaire ?

— Je craignais d'être obligé d'user de mon autorité sur toi.

— Tu vois que j'étais prêt d'avance à la soumission. — Ta visite, décidément, m'a fait le plus grand bien. — Allons déjeuner, j'ai faim.

XXIII

En affirmant qu'il se sentait de l'appétit, Paul mentait encore, mais il ne voulait point affliger son père en lui laissant voir à quel point la souffrance morale avait eu sur le physique une influence funeste...

Il craignait en outre de provoquer de nouvelles questions et s'efforçait de paraître gai.

Raymond était trop clairvoyant pour se laisser prendre à cette gaieté factice.

Paul ne pouvait le convaincre de sa sincérité.

Le pauvre père avait l'absolue conviction que son fils lui cachait une douleur secrète, minant sourdement sa santé.

Ajoutons qu'il ne doutait point d'arriver, un peu plus tôt un peu plus tard, à pénétrer le mystère.

La journée s'écoula, rapide, sans le moindre choc entre le père et le fils.

Madeleine se sentait heureuse.

Il lui semblait se retrouver à l'époque où aucun nuage n'assombrissait le ciel de la famille qu'elle regardait comme la sienne.

Raymond la mit au courant du projet formé par lui de conduire Paul chez un médecin, projet qu'elle ne pouvait manquer d'approuver de toutes ses forces.

Le soir elle conduisit presque joyeusement ses chers maîtres à la gare, et se sépara d'eux en disant au jeune homme:

— A demain, monsieur Paul... — je vous préparerai un bon dîner...

Fromental et son fils rentrèrent assez tard à Paris, dans leur demeure de l'île Saint-Louis où le jeune homme, — nous le savons, — occupait une chambre indépendante de l'appartement de son père ; appartement dont il possédait néanmoins une clef.

Une fois seul, Paul retomba fatalement dans ses préoccupations habituelles.

Il se mit au lit et son sommeil fut hanté par des rêves effroyables.

Ces rêves lui montraient, à peine distinct dans la nuit sombre, le *Petit-Castel* enfoui sous les vieux arbres qui l'entouraient.

16.

Soudain une lueur éclatante jaillit au milieu des ténèbres.

Un formidable incendie venait de s'allumer, des langues de feu enveloppaient la villa métamorphosée en brasier. — Tout s'écroulait, et sous la voûte formée par les flammes une ombre blanche se débattait.

Cette ombre, c'était Marthe. — Marthe prête à mourir dans le plus effroyable des supplices, et dont la voix l'appelait sans qu'il fût possible de s'élancer à son secours.

Paul se réveillait alors en sursaut, baigné d'une sueur froide, oppressé, tremblant.

Saisi de nouveau par un sommeil fiévreux, le *Petit-Castel* lui réapparaissait sous un aspect tout différent, mais non moins lugubre...

Ce n'était plus le feu, cette fois, c'était le sang.

Les murs étaient couverts de taches rouges, comme les murailles d'un abattoir ou d'un charnier, et par l'une des fenêtres de la maison sinistre Marthe tentait de s'échapper, vêtue d'une robe blanche tachée de sang, mais elle retombait expirante et Paul se réveillait encore, mouillé par de nouvelles sueurs froides et torturé par la même oppression.

Toute cette longue nuit fut pour lui un véritable martyre; — à l'aube seulement il lui devint possible, pendant une ou deux heures, de prendre un peu de repos.

Raymond, aussitôt après s'être séparé de son fils, s'était enfermé chez lui et il avait remercié Dieu.

Un sentiment complexe causait cette reconnaissance.

Malgré sa conviction que le désir de Paul de ne point s'éloigner de Port-Créteil se rattachait au secret qu'il soupçonnait, il était heureux de la détermination du jeune homme de ne pas quitter de sitôt la campagne.

Au moins ainsi l'enfant ne pourrait s'apercevoir des continuelles sorties nocturnes de son père, s'en étonner, les commenter.

Avant qu'il revînt à Paris, la situation ne serait plus la même ; — on pouvait du moins le croire.

Fromental adorait son fils.

N'ayant ici bas que lui à aimer, il avait mis en lui toutes ses espérances, toute sa vie.

Le brusque changement qu'il remarquait dans l'apparence du frêle adolescent lui causait une indicible épouvante.

Par moments il croyait voir son enfant mort, étendu dans un cercueil sur lequel des fossoyeurs laissaient retomber des pelletées de terre...

En vain appela-t-il à lui le sommeil. — Le sommeil ne vint pas.

Il sauta en bas de son lit sur lequel il s'était jeté, ouvrit une fenêtre et s'accouda à l'appui de fer du balcon, espérant que l'air rafraîchi de la nuit lui apporterait un peu de calme.

Le calme ne vint pas plus que n'était venu le sommeil.

La fièvre brûlait ses veines, — ses tempes battaient, — sa gorge était sèche, — des pensées de plus en plus sombres ne cessaient de traverser son cerveau.

— Il faut que je marche... — se dit-il, — le mouvement seul peut triompher de ce malaise moral qui m'anéantit...

Raymond s'habilla rapidement.

L'aube allait bientôt paraître.

Il sortit, gagna les quais et, la tête basse, se mit à marcher au hasard, essayant de changer le cours de sa pensée en se préoccupant uniquement de la nouvelle mission qui lui incombait : — Trouver et livrer à la justice le bouquiniste Antoine Fauvel, le receleur des voleurs de livres.

A cette heure ultra-matinale Paris était désert.

C'est à peine si dans sa promenade Fromental rencontra de loin en loin quelques noctambules attardés à côté desquels il passait sans les voir.

Absorbé dans ses réflexions, il allait toujours droit devant lui, sans but.

Au moment où les premières clartés de l'aube naissante commençaient à blanchir le ciel du côté de l'orient, le patron d'un lourd bateau de transport pour les vins, qu'on avait fini de décharger la veille sur le port de l'entrepôt, vint réveiller ses hommes d'équipe qui, selon l'habitude marinière, couchaient dans la cabine ménagée à l'arrière du chaland bourguignon.

Une passerelle en planches conduisait du quai au bateau.

Il la franchit, et heurtant des poings à plusieurs reprises la porte de la cabine, il cria de toutes ses forces, car il avait affaire au lourd sommeil de gens fatigués.

— Holà ! ho ! — les enfants ! — Debout! — Il est l'heure et voici le jour !

A cet appel des grognements inarticulés se firent entendre.

Ces grognements constituaient sans doute une réponse, et un instant après la porte s'ouvrit.

Trois solides gaillards, bâillant, se détirant, se frottant les yeux, montèrent sur le pont.

— Est-ce que nous sommes en retard, patron ? — demanda l'un d'eux, en saluant l'homme qui les avait réveillés.

— Non, mon gas, mais il est temps de se tenir prêt pour pincer le remorqueur... — Il commence son service à quatre heures précises...

— Alors nous levons l'ancre ?

— Oui, parez tout... — Une seule amarre au toquet du chaland qui se trouve devant nous... — la grande amarre dans le bachot, tout prêt avec les avirons aux tolets pour aller s'embosser au remorqueur... — Il est trois heures passées, faites vite !

— As pas peur, patron, on sera prêt... — répondit le marinier interpellé, puis il ajouta, en s'adressant à ses collègues : — Allons-y, mes petits vieux !... — Toi, Jolivet, pousse le bachot à l'avant, qu'on y laisse couler l'amarre.

— On y va, camarade, — le temps de se fourrer un pruneau dans le pertuis des badingoinces.

Et, tout en parlant, le marin d'eau douce qui répondait au nom de Jolivet tirait de sa poche une blague de peau de mouton dans laquelle il prit une cordelette de tabac à chiquer dont il coupa un bout d'une longueur de quatre centimètres, qu'il introduisit dans le coin gauche de sa bouche.

— Présentement le calorifère est garni, — continua-t-il, — on va se mettre à la besogne.

Il s'avança vers l'arrière du chaland où était amarré le bateau qu'il devait remonter à l'avant.

Tout à coup il s'arrêta, les yeux tournés vers le fond du bachot avec une expression de surprise et de colère.

— Eh bien ! dis donc, toi ! Eh ! le roupilleur ! — Ne te gêne pas ! — Paraîtrait que tu prends notre bachot pour un hôtel meublé où on loge à la nuit!

Ces paroles s'adressaient à un homme étendu au fond de l'embarcation et dormant les poings fermés.

L'homme, réveillé en sursaut par cette interpellation véhémente, se leva d'un bond.

— Hein?... Quoi!... Qu'est-ce qu'il y a?... Qu'est-ce que c'est?... — bégaya-t-il en se frottant les yeux.

— Hein? Quoi? — répéta Jolivet en le contrefaisant. — Qu'est-ce que tu fiches là?...

— Parbleu!... vous le voyez bien, mon vieux... — Il me semble que ça ne demande pas d'explications... Je piquais un sommeil...

— Eh bien! pique-moi une course à cette heure!... — Décanille, et plus vite que ça, vagabond, chenapan! — Si je t'avais pincé là-dedans cette nuit, je t'aurai mis à l'abri, pour sûr...

— Allons... allons... inutile de vous émouver et de me dire des gros mots! je ne l'aurais point mangé votre bachot!... — je suis venu là pour pêcher cette nuit... même que voilà mes outils... et comme ça ne mordait pas, je me suis endormi...

— C'est bon... File, et vivement, m'sieu La Fouine...

— Tiens, vous savez mon nom, vous!... — fit le pêcheur surpris en grimpant sur le chaland.

— Ah! tu t'appelles comme ça, toi! — Eh bien,

ça te ressemble... — C'est un sobriquet que je te donnais parce que tu as l'air d'une fouine, mais je ne te connais ni d'Eve ni d'Adam...

Et Jolivet descendit dans le bachot.

Le patron du chaland s'était avancé du côté de La Fouine, car c'était bien Jules Boulenois en personne que nous retrouvons à une assez grande distance de ses lieux de pêches favoris, Joinville et Port-Créteil, et, l'ayant rejoint, lui disait :

— Vous savez bien, pourtant, mon garçon, que c'est défendu par les réglements de monter la nuit sur les bateaux...

— Oui... oui... je sais parfaitement ça, patron, mais j'avais envie de taquiner la brême cette nuit... et après tout, je ne faisais pas grand mal...

— Un sergent de ville aurait pu vous voir et vous mener coucher au poste...

— Il aurait toujours bien fallut me relâcher ce matin...

— Enfin, retirez-vous. — Le bateau va démarrer.

— Suffit, patron, on s'en va... à moins que vous ne me permettiez de donner un coup de main aux camarades, pour vous remercier de votre hospitalité...

— Eh bien ! c'est ça ! — fit Jolivet, — viens par ici, Parisien... tu vas nous aider à lever l'ancre...

— Ça me va, mon vieux, et ça me connaît ! — J'en ai démarré plus d'une en haute Seine...

Il s'élança vers les hommes qui déroulaient le câble d'amarre et le laissaient filer dans le bachot et leur vint en aide.

— Comme ça, — reprit Jolivet, — t'aimes la pêche ?

— Si je l'aime ?... — C'est ma toquade ! — Mais je vous fiche mon billet que je ne reviendrai pas pêcher de longtemps par ici...

— Pourquoi ça ?

— Parce que l'endroit ne vaut rien du tout. Autant pêcher sur la place de la Concorde, du haut de l'obélisque ! — Parlez-moi de la Marne !... A la bonne heure !... — Jamais de chou blanc !...

— Faut y retourner, mon vieux !

— C'est ce que je ferai, à moins cependant que je ne veuille tenter un coup en basse Seine, du côté de Suresnes ou d'Argenteuil... — Vous savez, j'aime les voyages, moi... — Je me suis laissé dire que changer d'air formait la jeunesse... et je me forme...

— Stope ! — cria Jolivet — tiens tout prêt le nœud d'amarre...

— Et dépêchons-nous ! — ajouta le patron du chaland — le remorqueur sera ici dans vingt minutes.

— Mettons-nous à l'ancre... — dit un des mariniers. — Tirons ferme — il y a pas mal de fond vaseux par ici. — Faut prendre l'autre bachot.

Jolivet retourna à l'arrière où se trouvait amarré le bateau de l'ancre dans lequel trois hommes descendirent.

Ils détachèrent du chaland l'amarre de l'ancre, la roulèrent au fond du bateau en se hélant dessus pour aller à l'endroit où se trouvait le lourd grappin.

En quelques secondes ils y arrivèrent.

— A nous, maintenant, — dit Jolivet, — et bien ensemble pour avoir plus de force...

Les trois hommes tirèrent ensemble.

L'ancre avait mordu profondément dans une épaisse couche vaseuse.

Elle résista d'abord, mais elle céda à une seconde tentative et les hommes l'attirèrent à eux.

— Sapristi de sapristi ! — s'écria Jolivet, — la gueuse est plus lourde que de coutume !!

— En effet.. — appuya un autre marinier, — Jamais de la vie elle n'a pesé autant que ça.

— Peut-être bien qu'elle amène avec elle un poisson de cent kilog. ! — fit la Fouine en riant.

On tirait toujours.

Les pointes de l'ancre apparurent enfin, et avec elles le corps d'un homme qui s'y trouvait accroché.

— Un *nayé* ! — dit Jolivet. — Le diable emporte ce *maccabée* qui nous casse les bras tant il est lourd !

— Qu'est-ce qu'il y a donc là-bas ? — demanda le

patron du chaland, voyant les hommes regarder dans l'eau.

— Il y a un particulier *nayé* qui tient à l'une des griffes de l'ancre.

Le patron lança un juron formidable.

— Eh! bien mettez-le dans le bateau, — dit-il ensuite, — et on le déposera sur la berge. Nous n'allons pas manquer le remorqueur pour ce paroissien-là!... — d'autant qu'il n'a plus besoin de rien...
— Le Parisien ira faire la déclaration et touchera la prime.

FIN DU PREMIER VOLUME DE LA FÉE DES SAULES

ÉMILE COLIN — IMPRIMERIE DE LAGNY

www.ingramcontent.com/pod-product-compliance
Lightning Source LLC
Chambersburg PA
CBHW070745170426
43200CB00007B/661